孔子和他的弟子们

南怀瑾 讲述

人民东方出版传媒

东方出版社

图书在版编目(CIP)数据

孔子和他的弟子们:袖珍版/南怀瑾讲述. —北京:东方出版社,2016.11
(南怀瑾著作袖珍典藏系列)
ISBN 978-7-5060-9391-0

Ⅰ.①孔… Ⅱ.①南… Ⅲ.①孔丘(前551—前479)-人物研究
Ⅳ.①B222.25

中国版本图书馆 CIP 数据核字(2016)第 299897 号

孔子和他的弟子们
南怀瑾 讲述

责任编辑: 王 艳 葛灿红
封面设计: 张 军
出 版: 东方出版社
发 行: 人民东方出版传媒有限公司
地 址: 北京市东城区朝阳门内大街 166 号
邮 编: 100010
印 刷: 北京联兴盛业印刷股份有限公司
版 次: 2017 年 8 月第 1 版
印 次: 2024 年 6 月第 8 次印刷
开 本: 880 毫米×1230 毫米 1/64
印 张: 4.25
字 数: 128 千字
书 号: ISBN 978-7-5060-9391-0
定 价: 42.00 元
发行电话: (010)85924663 85924644 85924641

编者的话

南怀瑾先生是近年来享誉国内外，特别是华人读者中的文化大师、国学大家。先生出身于书香世家，自幼饱读诗书，遍览经史子集，为其终身学业打下坚实基础；而其一生从军、执教、经商、游历、考察、讲学的经历又是不可复制的特殊经验，使得先生对国学钻研精深，体认深刻。先生于中华传统文化之儒、道、佛皆有造诣，更兼通诸子百家、诗词曲赋、天文历法、医学养生，等等，对西方文化亦有深刻体认，在中西文化界均为人敬重，堪称"一代宗师"。书剑飘零大半生后，先生终于寻根溯源返归故里，建立学堂，亲自讲解传授，为弘扬、传承和复兴民族文化精华和人文精神不遗余力，其情可感，其心可佩。

《论语》是儒家最重要的经典之一，是孔子弟子及其再传弟子关于孔子言行的记录，也是研究孔子思想的主要资料。南怀瑾先生极为推崇孔子学说与《论语》，强调它是我们了解儒家思想乃至整个中国传统文化的基础。一九六二年秋，他应邀讲述《论语》，后由"净名学舍"以《孔学新语——〈论语〉精义今训》之名出版。南先生这次讲述《论语》，虽仅讲了六篇、八万多字，却在台湾引起轰动，社会各界陆续邀约不断。至一九七五年，他又先后多次讲述《论语》，终于在一九七六年出版了《论语别裁》。在一定意义上，《孔学新语》堪称《论语别裁》的发凡之作，《论语别裁》则是《孔学新语》的深化之果。相较上下两册、六十多万字的《论语别裁》，《孔学新语》非常精简，其中已涵盖南先生对孔子与《论语》的深刻理解。半个多世纪后的今天，刘雨虹老师将之重新整理，并更名为《孔子和他的弟子们》，更便于学者研习孔子与《论语》。

在出版《孔学新语》时，南先生撰有《孔学

新语自序》和《孔学新语发凡》，以典雅优美的辞藻和铿锵有力的言语阐述了自己对孔子和《论语》的认识，明确指出，历来人们对孔子和《论语》的理解，错误之处，屡见不鲜，主要问题在于所讲的义理不对、内容的讲法不合科学——"本来二十篇《论语》，都已经孔门弟子的悉心编排，都是首尾一贯，条理井然，是一篇完整的文章"，但古今圣贤却多"把《论语》当做一节一节的格言句读，没有看出它是实实在在首尾连贯的关系，而且每篇都不可以分割，每节都不可以支解。他们的错误，都错在断章取义，使整个义理支离破碎了"。他呼吁，"经过两千多年的陈腐烂败，许多好东西都被前古那些店员们弄得霉烂不堪"，"我们要把本店里的陈霉烂货倒掉，添买新米"。

受禅门"方便通经"的启发，南先生对《论语》的解读不纠结于训诂注疏，亦远离极言性命心性的微言，注重结合自己的人生经验及历史典故，旁征博引，拈提古今，活泼灵动，亦颇具禅味。在人文掌故、生活趣闻中融入词语解释、原文串讲,"主要的是将经史合参,以《论语》与《春秋》的史迹相融会,看到春秋战国时期政治社会的紊乱面目,以见孔子确立开创教化的历史文化思想的精神;再来比照现代世界上的国际间文化潮流,对于自己民族、国家和历史,确定今后应该要走的路线和方向"。

通过以经解经、经史合参地讲述《论语》,再结合自己的人生经验,南先生阐发了对孔子及其弟子们较为通达的认识,纠正了世人对他们的许多误解。他指出,孔子对教育时机的洞察和把握是"手眼通天"和多变的,孔子在日常起居生活中是活泼而又有生机的,并不像后世理学家们所表现的那么严肃和不通人情,以致把孔子塑造成不食人间烟火的"圣人",古板而僵化。他为读者还原了鲜活真实的孔子形象,平凡而可爱("子之燕居申申如也、夭夭如也")。他还指出,孔子对待弟子们是严肃中饱含温柔,严厉中蕴含亲切,比如孔子评价宰予"朽木不可雕也,粪土之墙不可圬也",并非在批评宰予,而是遗憾和痛惜宰予身体的虚弱,阐发了因材施教的理念。

　　我社与南怀瑾先生结缘于太湖大学堂。出于对中华优秀传统文化的共同认识和传扬中华文明的强烈社会责任感、紧迫感，承蒙南怀瑾先生及其后人的信任和厚爱，独家授权，我社遵南师遗愿，陆续推出南怀瑾先生作品的简体字版，其中既包括世有公论的著述，更有令人期待的新说。对已在大陆出版过的简体字版作品，我们亦进行重新整理和修订，力求贴近原讲原述，还原作品原貌。作为一代国学宗师，南怀瑾先生"通古今之变，成一家之言"，毕生致力于民族振兴和改善社会人心。我社深感于南先生的大爱之心，谨遵学术文化"百花齐放，百家争鸣"之原则，牢记出版人的立场和使命，尽力将大师思想和著述如实呈现读者。其妙法得失，还望读者自己领会。

东方出版社

二〇一七年六月

目　录

出版说明

这本书原名为《孔学新语》，是南师怀瑾先生在五十年代末期，对少数学子的讲解整理而成。后于一九六二年，由"净名学舍"出版，记录者为巫文芳，校对者为朱文光。

有趣的是，那时的南师，正住在台北泰顺街六十巷的蓬莱新村三号，那里就是"净名学舍"，也是青年学子前来受教听课的地方。如编者后来所认识的朱文光、林曦、杭纪东、巫文芳等，都是当时经常前来求教于南师的学子。而南师所教，除儒学外，还有诗词文章、易学等，颇为多样。

在《论语》二十篇中，当时南师才讲了六篇。虽然只有六篇，但在台湾却开始发酵。首先是在军方，邀约南师前往讲演的，遍及陆海空三军，之后各界也陆续邀约不断。经过多年的讲解

《论语》，累积整理，终于在十四年后的一九七六年，出版了《论语别裁》。

《论语》是传统文化中的重要典籍，南师幼年已经熟读。及长，因游心于佛道，且参究禅法有得，于再次重研儒学之际，则另为悟入儒学之精华所在，故于重新讲解儒学时，行文说法，不时流露禅风，以曾子悟道为最。

早在四十七年前，编者于南师处蒙赠《孔学新语》一书，始克对中华传统文化产生新观念。因念及时下青年学子之阅读习惯尚简，并为初学之方便计，特拣出此书再版，趁机将文句略加口语化，并将书名改为《孔子和他的弟子们》，期能为年轻一代，略开易入之门。

此书再版，从文字输入电脑工作开始，到查证资料等工作，皆为晏浩学友于工余之暇担任，在此特别致谢。小标题则为编者所加。

刘雨虹　记

二〇一六年夏月

自　序

髫年入学，初课四书；壮岁穷经，终惭三学。虽游心于佛道，探性命之真如；犹输志于宏儒，乐治平之实际。况干戈扰攘，河山之面目全非；世变频仍，文教之精神臠裂。默言遁晦，灭迹何难。众苦煎熬，离群非计。故当夜阑昼午，每与二三子温故而知新。疑古证今，时感二十篇入奴而出主。讲述积久，笔记盈篇。朋辈咐嘱灾梨，自愧见囿窥管。好在宫墙外望，明堂揖让两庑。径道异行，云辇留连一乘。六篇先讲，相期欲尽全文。半部可安，会意何妨片羽。砖陈玉见，同扬洙泗之传薪。讽颂雅言，一任尼山之拄杖。是为序。

一九六二年岁次壬寅孔圣诞辰
南怀瑾序于台北寓居

孔学新语发凡

　　我们作为现代的一个人，既有很沉痛的悲惨遭遇，也有难逢难遇的幸运；使我们生当历史文化空前巨变的潮流中，身当其冲地要负起开继的责任。但是目前所遭遇的种种危难，除了个人身受其苦以外，并不足可怕。眼见我们历史传统的文化思想快要灭绝了，那才是值得震惊和悲哀的事！自从五四运动的先后时期，先我们一辈而老去了的青年们，为了寻求救国之路，不惜削足适履，大喊其打倒孔家店。虽然人之将死，其言也善，有些人到了晚年，转而讲述儒家的思想，重新提倡孔孟之学，用求内心的悔意，可是已形成了的风气，大有排山倒海之势，根本已无能为力了！

　　其实，孔家店在四十年前的那个时代，是否应该打倒，平心而论，实在很有问题，也不能尽将责任推向那些大打出手的人物。原因是孔家店开得太久了，经过两千多年的陈腐烂败，许多好东西，都被前古那些店员们弄得霉烂不堪，还要硬说它是好东西，叫大家买来吃，这也是很不合理的事。可是在我们的文化里，原有悠久历史性的老牌宝号，要把它洗刷革新一番，本是应该的事；若随便把它打倒，那就万万不可。这是什么原因呢？我有一个简单的譬喻：我们那个老牌宝号的孔家店，向来是出售米麦五谷等的粮食店，除非你成了仙佛，否则如果我们不吃五谷米粮，就要没命了！固然面包牛排也一样可以吃饱，但是它到底太稀松，不能长日充饥，而且我们也买不起，甚至不客气地说，还吃得不太习惯，常常会患消化不良的毛病。至于说时令不对，新谷已经登场，我们要把本店里的陈霉烂货倒掉，添买新米，那是绝对可以的事。

因此，就可了解孔家店被人打倒是不无原因的。第一，所讲的义理不对。第二，内容的讲法不合科学。我们举几个例子来说：（1）"三年无改于父之道，可谓孝矣。"几千年来，都把它解释为父母去世三年以后，还没有改变父母的旧道路，这样才叫作孝子。那么，问题就来了，如果男盗女娼，他的子女岂不也要实行旧业三年吗？(2)"无友不如己者。"大家又解释作交朋友要交比自己好的，不要交不如我的人。如果大家都如此，岂不是势利待人吗？其实，几千年来，大家都把这些话解错了，把孔子冤枉得太苦了！所以我现在就不怕挨骂，替他讲个明白，为孔子申冤。

这些毛病出在哪里呢？古人和今人一样，都是把《论语》当作一节一节的格言句读，没有看出它是实实在在首尾连贯的关系，而且每篇都不可以分割，每节都不可以支解。他们的错误，都错在断章取义，使整个义理都支离破碎了。本来《论语》二十篇，都已经过孔门弟子的悉心编排，都是首尾一贯，条理井然，是一篇完整的文章。因此，大家所讲的第二个问题，认为它没有体系，不合科学分类地编排，也是很大的误解。

为什么古人会忽略了这一点，一直就误解内容，错了两千多年呢？这也有个原因，因为自汉代独尊儒学以后，士大夫们"学成文武艺，货与帝王家"的思想，唯一的批发厂家，只有孔家一门，人云亦云，谁也不敢独具异见，否则，不但乌纱帽戴不上，甚至，被士大夫所指责，被社会所唾弃，乃至把戴乌纱帽的家伙也会玩掉。所以谁都不敢推翻旧说，为孔子申冤啊！再加以到了宋代以后的科举考试，必以四书的章句为题，而四书的义解，又必宗朱熹的为是。于是先贤有错，大家就将错就错，一直就错到现在，真是冤上加错！

现在，我们的看法，不但《论语》二十篇，每篇都是条理井然，脉络一贯，而且二十篇的编排，都是首尾呼应，等于一篇天衣无缝的好文章。如果要确切了解我们历史传统文化思想的精神，必须先要了解儒家孔孟之学，研究孔子学术思想的体系，然后才能触类旁通，自然会把它融合起来。至于内容方面，历来讲解的错误之处，屡见不鲜，也须一一加以明辨清楚，使大家能够认识孔子之所以被尊为圣人，的确是有其伟大的道理。如果认为我是大胆得狂妄，居然敢推翻几千年来的旧说，那我也只好引用孟子说的"予岂好辩哉！予不得已也"！何况我的发现，也正因为有历代先贤的启发，加以力学、思辨和体验，才敢如此作为，开创新说。

其次，更要郑重声明，我不敢如宋明理学家们的无聊，明明是因佛道两家的启发，才对儒学有所发挥，却为了士大夫社会的地位，反而大骂佛老。我呢？假如这些见解确是对的，事实上，也只是因为我多年学佛，才悟出其中的道理。为了深感世变的可怕，再不重整孔家店，大家精神上遭遇的危难，恐怕还会有更大的悲哀！所以我才讲述二十年前的一得之见，贡献于诸位后起之秀。希望大家能秉宋代大儒张横渠先生的目标："为天地立心，为生民立命，为往圣继绝学，为万世开太平。"为今后我们的文化和历史，担承起更重大的责任。我既不想入孔庙吃冷猪头，更不敢自己杜塞学问的根源。

其次，我们要了解传统文化，首先必须要了解儒家的学术思想；要讲儒家的思想，首先便要研究孔孟的学术；要讲孔子的思想学术，必须先要了解《论语》。《论语》是记载孔子的生平讲学和弟子们言行的一部书。它虽然像语录一样用简单的文字，记载那些教条式的名言懿行，但都是经过弟子们的悉心编排，自有它的体系条贯的。自唐以后，经过名儒们的圈点，沿习成风，大家便认为《论语》的章节，就是这种支支节节的形式，随便排列，谁也不敢跳出这传统的范围，重新加以注释，所以就墨守成规，弄得问题丛生了。这种原因，虽然是学者因袭成见，困于师承所致。但是，最大的责任，还是由于汉、宋诸儒的思想垄断，以致贻误至今。

我们传统的历史文化，自秦汉统一以后，儒家的学术思想，已经独尊天下。生当汉代的大儒们，正当经过战国与秦汉的大变乱之后，文化学术支离破碎，极须重加整理。于是汉儒们便极力注重考据、训诂、疏释等的工作，这种学术的风气，就成为汉代儒家学者特有的朴实风格，这就是有名的汉学。现在外国人把研究中国文化的学问也统名叫作汉学，这是大有问题的，所以我们自己要把这个名词所代表的不同意义，分清楚才好。

唐代儒者的学风，大体还是因袭汉学，对于章句、训诂、名物等类，更加详证，但对义理并无特别的创见。到了宋代以后，便有理学家的儒者兴起，自谓直承孔孟以后的心传，大讲其心性微妙的义理，这就是宋儒的理学，与汉儒们但讲训诂、疏释的学问，又别有一番面目。从此儒学从汉学的范畴脱颖而出，一直误认讲义理之学便是儒家的主旨，相沿传习，直到明代的儒者，仍然守此藩篱而不变。

到了明末清初时代，有几位儒家学者，对于平时静坐而谈心性的理学，深恶痛绝，认为这是坐致亡国的原因，因此便提倡恢复朴学的路线，但求平实治学而不重玄谈，仍然注重考据和训诂的学问，以整治汉学为标榜，这就是清儒的朴学。由此可知儒家的孔孟学术，虽然经汉、唐、宋、明、清的几个时代的变动，治学的方法和路线略有不同，但是尊崇孔孟，不敢离经叛道而加以新说，这是一仍不变的态度。虽然不是完全把它构成为一宗教，但把孔子温良恭俭让的生平，塑成为一个威严不可侵犯的圣人偶像，致使后生小子望之却步，实在大有瞒人眼目之嫌，罪过不浅。所以现代人愤愤然，奋起要打倒孔家店，使开创两千多年老店的祖宗，也受牵连之过，岂不太冤枉了吗？

现在我们既要重新估价，再来研究《论语》，首先必须了解几个前提。

（一）《论语》是孔门弟子们所编记，先贤们几经考据，认为它大多是出于曾子或有子门人的编纂，这个观念，比较信实而可靠。

（二）但是当孔门弟子编记此书的时候，对于它的编辑体系，已经经过详密的研究，所以它的条理次序，都是井然不乱的。

（三）所以此书不但仅为孔子和孔门弟子们当时的言行录，同时也是孔子一生开万世宗师的史料，为汉代史家们编录孔子历史资料的渊源。由此可知，研究《论语》，也等于直接研究孔子的生平。至于效法先圣、自立立人以至于治平之道，那是当然的本分事。

（四）可是古代书册是刻记于竹简上的，所

以文字极需简练，后来发明了纸张笔墨，也是以卷幅抄写卷起。但因古代的字体屡经变更，所以一抄再抄，讹误之处，不免有所脱节，因此少数地方，或加重复，或有脱误，或自增删，都是难免的事实。

（五）古代相传的《论语》有三种，即《鲁论》二十篇和《齐论》二十二篇，又在孝景帝的时期，传说鲁共王坏孔子故宅的堵壁，又得古文《论语》。但古文《论语》和《齐论》，到了汉魏之间，都已逐渐失传，现在所传诵的《论语》，就是《鲁论》二十篇了。

（六）至于《论语》的训诂注疏，自历汉、唐、宋、明、清诸代，已经有详实的考据，我们不必在此另做画蛇添足的工作。至若极言性命心性的微言，自北宋五大儒的兴起，也已经有一套完整的努力，我们也不必另创新说，再添枝叶。

最后举出我们现在所要讲的，便是要入乎其内、出乎其外地体验，摆脱两千余年的章句训诂的范围，重新来确定它章句训诂的内义。主要的是将经史合参，以《论语》与《春秋》的史迹相融会，看到春秋战国时期政治社会的紊乱面目，以见孔子确立开创教化的历史文化思想的精神；再来比照现代世界上的国际间文化潮流，对于自己民族、国家和历史，确定今后应该要走的路线和方向。因此若能使一般陷于现代社会心理病态的人们，在我们讲的文字言语以外去体会，能够求得一个解脱的答案，建立一种卓然不拔、矗立于风雨艰危中的人生目的和精神，这便是我所要馨香祷祝的了。

岁次壬寅（一九六二年）八月

南怀瑾记于台北

学而第一

子曰：学而时习之，不亦说乎？有朋自远方来，不亦乐乎？人不知而不愠，不亦君子乎？

有子曰：其为人也孝弟，而好犯上者鲜矣。不好犯上而好作乱者，未之有也。君子务本，本立而道生。孝弟也者，其为人之本与？

子曰：巧言令色，鲜矣仁。

曾子曰：吾日三省吾身：为人谋而不忠乎？与朋友交而不信乎？传不习乎？

子曰：道千乘之国，敬事而信，节用而爱人，使民以时。

子曰：弟子入则孝，出则弟，谨而信，泛爱众，而亲仁。行有余力，则以学文。

子夏曰：贤贤易色，事父母能竭其力，

事君能致其身，与朋友交，言而有信，虽曰未学，吾必谓之学矣。

子曰：君子不重则不威，学则不固。主忠信，无友不如己者，过则勿惮改。

曾子曰：慎终追远，民德归厚矣。

子禽问于子贡曰：夫子至于是邦也，必闻其政，求之与？抑与之与？子贡曰：夫子温、良、恭、俭、让以得之。夫子之求之也，其诸异乎人之求之与！

子曰：父在观其志，父没观其行。三年无改于父之道，可谓孝矣。

有子曰：礼之用，和为贵；先王之道，斯为美，小大由之。有所不行，知和而和，不以礼节之，亦不可行也。

有子曰：信近于义，言可复也；恭近于礼，远耻辱也。因不失其亲，亦可宗也。

子曰：君子食无求饱，居无求安，敏于事而慎于言，就有道而正焉，可谓好学也已。

子贡曰：贫而无谄，富而无骄，何如？

子曰：可也。未若贫而乐，富而好礼者也。
子贡曰：《诗》云：如切如磋，如琢如磨。
其斯之谓与？子曰：赐也，始可与言《诗》
已矣！告诸往而知来者。

子曰：不患人之不己知，患不知人也。

《论语》是一部语录体裁的书，是孔子的门
人弟子们，记述老师孔子当时向弟子们的教学和
解答问题等。粗读起来，好像条理层次不清，分
类又不合系统。如果加以悉心体会，就会发现它
的精神和体系自有条贯，并非次序紊乱，漫无目
的。读书必要另具只眼，才不会瞎摸乱撞。儒家
门墙在望，只要自有眼目，便可由此书中体会得
孔门学问的宗旨与精神所在，不会轻易被人瞒过
去了。

学问的基本

第一篇的《学而》，是孔门弟子汇编孔子所
教为学的宗旨与目的，以及为学的精神和为学态
度的基本道理，是全书二十篇的纲领，所以首先
要深切体认。

子曰：学而时习之，不亦说乎？

通篇首先提出孔子教示为学的精神与态度，要弟子们应当为学问而学问，不是为功名利禄而学问。它的重心在于"时"字和"悦"字。为什么呢？因为学问之道，在于造就一个人之所以为人，以及人要如何立身处世的道理。至于知识和文学等等，只是整个学问中的一部分，并非学问的最高目的。立身就是自立，处世就是立人，因此为学的精神，要做到随时随地，在事事物物上体认。洞明世事，练达人情，无一而非学问，遂使道理日渐透彻，兴趣日渐浓厚，由好之者而变为乐之者，才是学而"时"习之到达了"悦"的程度。倘是只为求知识文学而学问，事实上有时反而觉得很苦，哪里还会悦得起来呢！只有在学问上随时有会于心者，才能心胸开豁，无往而不悦的。一定要有这种见解，才不会把这句话变成教条，才能领略到，这一句的确是为学的至理名言了。

因此他又跟着说，真正为学问的人，首先就要确立一种精神，认清人生的本分，然后能够以一生甘于淡泊、乐于寂寞的胸襟，方能顺时因势，随时偕行，如此才可以言"学"。儒者以学问为本，以持身谋生为务；谋生与职业，是持身的要务，不能与学问混为一谈。但要知道，"德不孤，必有邻"，只要学问真有成就，自然会如响斯应，"雪满山中高士卧，月明林下美人来"，当然会有志同道合的良朋益友，互相过从，所以他说：

有朋自远方来，不亦乐乎？

如果把这句话只解为朋友来便乐了，有时候是讲不通的。因为朋友不一定都是令人乐的，有良朋也有害友，坏朋友来了的时候，你纵使硬把这句话贴在心里做教条，也会有学而时习之，不亦苦乎之叹了。所谓远方，是说不一定是目前亲近的朋友，千里趋风，知音在迩，人生得一知己，死而无憾，故说有朋自远方来，不亦乐乎。

他跟着又说：

人不知而不愠，不亦君子乎？

那是进一步又告诉你，为学问是为了自学做人，目的并不在求人知，假定寂寞一生，默默无闻，没有半个知己，也不要怨天尤人才对。
"愠"，是内心怨愤；"君子"，是儒者学问成就者
的美称。通常的人情，总是喜欢自我表扬，都有
自视甚高的心理，所以无真学问者，便有怀才不
遇、愤世嫉俗，甚之对社会人群，生起一种仇恨
怨怼的心理。因此在《里仁》篇中，孔子又说
"不患无位，患所以立"了。这个立，就是要建
立学问的宗旨与中心，如要真为学问，首先就要
确定这个精神和态度，然后才可以谈学问。这三
则记载，就是标出孔门为学的精神和态度，首尾
条贯井然，并非如教条一样，各自分立的。循此
一贯的线索，便可以得到其中的旨趣了。

　　孔门为学的精神与态度，既已了解，那么，
为学又学个什么呢？于是便引出孔门弟子有若的
一则话来了。

孝弟是什么

　　　　有子曰：其为人也孝弟，而好犯上者鲜
　　　矣。不好犯上而好作乱者，未之有也。君子
　　　务本，本立而道生。孝弟也者，其为人之

本与？

有子名有若，鲁人，是孔子的弟子，少孔子四十三岁。他指出孔子教示为学问的目的，是在完成一个人之所以为人，也可以说是完成一个真人，就是以孝与弟，作为学问的基本。为什么呢？"孝"是为人儿女者，上对父母的一种真性情的表现，也就是天性至爱的升华，这是一个为学的纵向中心，所谓承先启后，继往开来，是贯串上下的。"弟"是指对兄弟姊妹，乃至朋友社会人群真诚的友爱，这是为学的横向中心，所谓由亲亲、仁民，而至于爱物。弟也就是友弟，也就是人与人之间友爱的基础。

人为什么一定要孝弟呢？因为人之所以为人，他不同于动物之处，就是有灵性和感情。孝与弟，是人们性情中最亲切的爱之表现，一个人对父母兄弟姊妹骨肉之间，如果没有真性情和真感情，这就不知道是个什么东西了。我们都是做过儿女的，也都有机会要做父母，至于兄弟姊妹朋友，大家也都是有过经验的，试想，假使对上下左右，没有孝弟的至性至情，那个社会会变成一个什么形态呢？所以，以孝弟为学问的基本，就是要求人人培养这种真性情的美德。由此扩而充之，对社会国家和人类，才有真爱。

古人说："求忠臣必于孝子之门"，也是由于这个道理而来。西方的文化，大体很注重社会人群横的一面，所以由男女夫妇的爱，扩而充之，就是社会和国家爱的观念，而且重视下面较多；至于对上面的父母呢，并不特别注重孝道，只是下对儿女的养育，尽了最大的爱，儿女长大了，上对父母也就不一定要尽孝。再看西方的上，是以形而上做对象，建立一个神，作为信仰的皈依，也许忽略了人与神之间基本的桥梁——对父母的孝道。所以举世重视的西方文化，好像只背了一个丁字架在世界上走，似乎不能撑持这个上下左右十方的天地了。

如果你认为教孝教弟，还情有可说，那教人不犯上，岂不是愚民思想、专制的观念吗？旧的不去，新的不来，革命还会成功吗？时代还会进步吗？那我告诉你，你的观念错了。请问，谁说"上"字只是对君主专制，或统治者的表示呢？

上就是上下的上，一个有真性情、真学问成就的人，他绝不会忽视从上代以来的传统历史和文化；只有缺乏真性情的人，才会想推翻上面传统下来的历史文化。我们上下五千年的文化，到此拦腰一刀，不是被好犯上的人腰斩了吗？今天社会的风气，不孝、不友爱的形成，不是人本位已经失去大本了吗？温故可以知新，由此慎思明辨，便可以知道未来的世界应该是如何的了。

由此可以认识孔子教学的伟大处，真是放之六合而皆准，弥纶天地而不过。所以有子在这里，告诉你孔门教人为学的目的，在于培养人性中的真性情。它的基本，就是先要做到孝与弟。如果人生最基本的孝弟真情都没有了，还谈得到其他吗？因此他再提出"孝弟也者，其为人之本与"这句话。不孝弟，必定会犯上，那是必然的趋势和结果，那是人性的反面，也是缺乏良好教养的表现。古文鲜字与少字通用，毋须另讲。

为学的目的，在于养成人性最基本的孝弟，为什么在这里，又单独地插入一则说"仁"的话呢？

　　　　子曰：巧言令色，鲜矣仁。

　　这则话在这里插入《学而》篇里，未免显得太突兀了。其实并不奇特，"仁"之一字，是我们传统文化里一个至高无上的精神，尤其是儒家的学问，以完成一个人达到仁的境界为宗旨。上面把孔门为学的精神、态度与目的，都已提出来了，到此才显示为学的宗旨，在于完成一个"仁"字。学不至仁，便无成就。然而仁不在于学理上的巧言思辩和外表的做作，所以在《卫灵公》篇及《阳货》篇中，又引孔子的话来证明说："巧言乱德"，"恶利口之覆邦家者"。

　　仁是性情心性的最高境界，有体有用，必须要笃实履践才能做到。第四《里仁》篇中，专讲此道，所以不必在这里多做讨论。这里单独插入这一则，只为显出为学的宗旨，乃顺承上面所讲各则而来，是一画龙点睛之笔。如果你认为"巧言"只是指巧辩之言，"令色"只是指阿谀的态度，那么除了不巧言、不令色以外，便算是达到仁的境界了吗？这未免太不踏实。要知道，为学而达到仁的境界的人，在孔子生平，是绝少轻许的，就如继传孔门道统的曾参，也自谦地不敢轻易言仁。所以在提出为学宗旨的"仁"字以后，加入了曾参的一则话，表示学而至仁，他亦有所不敢造次轻言之慨。但他说自己只能做到日日以三事反省自己，也许略近于仁吧！

你每天反省吗

> 曾子曰：吾日三省吾身：为人谋而不忠乎？与朋友交而不信乎？传不习乎？

待人接物，"无一事而不尽心谓之忠"。立身处世，"无一物而不尽情谓之信"。《学而》一篇，以"孝"、"弟"、"忠"、"信"四个字为学问的准则。孝弟是内以持己，忠信是外以致用，内外备至，体用兼圆，这是孔门教学完成仁的境界的极则。所以在这里，曾子只提出为人谋而不忠、与朋友交而不信的两件事，日日以此省察自己的笃实履践工夫，希望不辜负夫子的谆谆传授，那才是学问的用力重点。所谓"传不习乎"，就是指夫子的所传所教，自己日日反省实践的工夫，是否真能做到了呢？

由此可见孔门当时为学的风气，师弟之间，兢兢业业，孜孜以学问为务的精神，是如此地诚敬亲切，踏实履践。如果只把它作为教诫式的教条来看，有时候就会看成虚文了。由于这三句话，再反观体察今日的社会人群，无论人与人之间，国与国之间，大家相处，到处都是"当面春风背后雪"，而坚持德行尽忠尽信者少，玩弄权术而不忠不信者多。大家都感觉世风愈来愈坏，只是无法可以挽回，正因为失去了儒家所教的做人的学问之道。我们如能深加体会这一节话，便会瞿然反省而警惕了。

《学而》一篇的要点，到此都已揭示出来了，那么，学问之道，就止于此而已吗？那又不然！不然！学以致用，立身必然关系处世。内以持己之学，已有上面三则；那么出以致用的学问，又是如何呢？儒者以内圣外王之学相标榜，古文"用"字与"王"字相通，外王就是外用。由内圣而至于外用，也只是扩充其内养所得，以持身立己之道的学问，用之于立人处世而已。所以下文又引孔子的话：

节俭的美德

> 子曰：道千乘之国，敬事而信，节用而
> 爱人，使民以时。

这个"道"字，这里做动词用，也就是与领导的导字相通用。春秋封建时代，列国诸侯的大小强弱，通常是以战车的多少为代表。周室王者，为万乘之君，与现代理想中联合国的领导地位相似。千乘之国是诸侯列国的强者，介乎王者之间，可以称得上是个大国。这里引用孔子的话是说，儒者一旦有学而致用的一天，其以内圣之道，领导千乘之国时，也只需扩充平常学养所得，就是领导治国者的真学问了。也就是说，只要扩充平常以孝事父母的至情，对一事一物而无不敬，便是大有用于天下了。"敬"，是信的根本，所以领导治国的人，必须要做到敬事而信的程度。

所谓敬事，就是无论对事或对人，都要以全副心力去做，能够诚敬之极的话，凡事便可洞见机先，也就是事先看清它的动因和所得的后果。所以举措实行每一件事，慎其终者必慎其始，自然就可立信于天下了。如果不敬其事，漫不经心地处置事物，或朝令夕改，那就会失信于人，国人也就不信他的领导了。所谓敬事而信，不仅对事而言，须知领导治国者，信己又须信人，疑人不用，用人不疑，如不能开诚布公，信己信人，只是勉强相从附和，其对事的不敬，就可想而知，他的结果，也不待说了。

所谓节用，好像专指财政经济的节俭而言，其实儒家、道家，继承传统文化，都以俭为教。但要知道，"俭"字不仅指财政经济而已，消费精神，不爱惜人力，社会奢侈风气的形成等等，都是不俭所致，都是不知节用的结果。所以孔子告诫弟子们，领导治国者，必须节用而爱人。至于"使民以时"的一句，意义更为重要，所谓"时"，它的意义极大。简略地说，大而言之，领导治国者，必须使人民认清时代大势的趋向，然后把握这一时代，创造新的时代。小而言之，必须要了解人们的时代心理，一切措置必须合于人们当时的需要，然后才能要求国民为国忠诚努力。

除此以外，凡军国大计，决策运筹，必须要有学问，能深切了解时运的机先，然后以四两而拨千斤，就可以达到无为而治天下之道了。所以，能掌握这个"时"字，便是帝王之道与王者师之道的学问了。历史上兴衰成败的局面，每一幕的起落，都合于这三句话的原则。举例来说，当汉、唐初兴的时期，大多的措施，都合于这个道理。又如明末亡国的时期，随时随处的措施，都违反了这个原则。所以只要以史证经，就可明白其中的深意了。

《学而》篇中，本来只是发扬孔门为学的道理，到此忽然插入一则孔子言学而致用，涉入领导治国的学问，这绝非孔门弟子们的随便安排，只要把全篇作为一篇论学术的文章读，就可以明白它的行文起伏曲折，以及学术思想的发展过程了。所以在这一则之后，又提出孔子以孝弟为教化中心的目的。

为学的重点

> 子曰：弟子入则孝，出则弟，谨而信，泛爱众，而亲仁。行有余力，则以学文。

后人认为，孔子当时周游列国，汲汲于求得从政之位，目的是实行他所代表的传统儒家理想的政治。其实，当时凄凄惶惶的孔子，究竟是否就是这种心愿，实在不敢妄加忖度。不过，他当时并非愁虑国家天下的衰乱问题，只是忧虑传统文化真精神的断绝，因为这是随处可见的事实。须知，国亡可复，但传统文化的形成，是由历史的累积和千秋万世智慧的结晶而成，不是一蹴而可就的。

《学而》篇中，只记述孔门的为学道理，以及存续传统文化精神，虽然间或涉及政治理论和思想，到底不是本篇的主要目的。因此便又引出孔子所教弟子的入孝、出弟、谨信、泛爱、亲仁了，这也等于说，何必汲汲于讲求领导国家的道理呢！只要尽心致力于学问，入而孝于父母；出去处世，对于社会人群，能够做到友爱，谨慎言行而有信，胸怀博爱，躬亲履践而达到仁的境界，才是学问的要紧关头。如果为学能到这个程度，还有多余的精神和能力，就可以学习文学或其他的知识了。到此明白指出，学问与文学，是迥然两途的事，千万不可混为一谈。

为什么要这样解说呢？岂不是牵强附会吗？不然！绝没有牵强附会的成分。何以见得呢？在第二《为政》篇中有一则："或谓孔子曰：子奚不为政？子曰：《书》云：孝乎，唯孝友于兄弟。施于有政，是亦为政，奚其为为政？"这岂不是很好的自注自解，与此遥遥相对吗？以《论语》而讲《论语》，岂不比另做注解更为确切吗？须知学问固然为致用，用也可能是从政，但为学的目的，若在急求致用于从政，那就根本歪曲了孔门为学的精神。所以本则的道理，就不得不安置在此处，孔子也只有终其身而做无位的素王了。

跟着而来的，是孔门弟子子夏的一则话，再提为学的态度，并一再指出孝弟忠信的重要，用以证明孔门为学的目的。

尽孝　尽忠　有信

子夏曰：贤贤易色，事父母能竭其力，事君能致其身，与朋友交，言而有信，虽曰未学，吾必谓之学矣。

子夏，是孔门的弟子，名卜商。这一则开始的两个贤字，第一个是动词，第二个是名词，指有学问的贤者。"色"字指态度，同时也作男女好色之色。"易"字指变易的易。他是说，假定有一个人，见到有学问的贤者，便肃然改变态度而起敬，就是贤其贤，自己愿效法他，致力为学。甚之可以放弃爱慕男女色相的恋爱心，而来专心致力于学问。这岂不是最难能而可贵的吗？这样的人，岂不是人中的俊杰、最难得的良才吗？历史上这种见贤思齐，终至学问成就，事功德业永垂千古的，实在有不少的人物。例如宋代大儒张横渠，他在少年时代，谈兵结客，豪气凌云，自从晤见范仲淹后，便回心向学，终成开北宋理学的大儒。可是我们只要将心比心，就可以明白，这的确也不是一件容易做到的事。人如果见贤思齐，自会致力为学；仰事父母，能竭力尽孝；服务国家社会，能够以身相许而尽忠其事；处于社会人群，与朋友交往，必定言而有信。子夏认为假定有这样一个人物，他虽然没有经过一番学问陶冶的工夫，而以子夏看来，他也必定就是一个最有学问的人了。到此就更明白孔门学问的重心在此，至于知识的追求，那只是学问的余力罢了。

本篇到了这里，对于为学的道理，原则上的都已说过了，以下所记述的，都是为学的探讨，或为学的修养方法。所谓对机施教，在在处处，显出孔子善于应用机会施教的风格。

自重　自尊

子曰：君子不重则不威，学则不固。主忠信，无友不如己者，过则勿惮改。

孔子说，为学问要做君子之儒的基本修养，首先就要自重。自重不是自尊，自尊最容易走入傲慢。自重的意思，是重视自己和尊重他人的人格与为学的精神，所以自重与自尊是不可混为一谈的。有许多人做学问，那种自尊，都是基于潜意识的自卑感，所以把傲慢当作自尊的威严，那是学问上最大的错误。换言之，那就不是自重，因为傲慢的人，不是看不起别人无学问，便是看不起别人有学问。无论属于哪一种，都由于自己的不自重而来，所以徒有傲慢，便不是儒者的威严。

威不是使人怕，就如冬天里太阳之可爱，或如夏天里太阳之可畏，都是威。无论如何，太阳毕竟都是可爱的，而且是生命的泉源，人生必不可缺少的。为学能养成自重这样的胸襟，就是人人所需要的，也就是君子，这才是儒者之威，而为学的基本态度，才算稳固了。如果不自重而只知自尊，当碰到自尊心满足，或自尊心发生动摇的时候，就会随时变更初衷的，所以说"不重则不威，学则不固"了。立己内养的学问，能够做到如此程度，用它来处世应事，最主要的，还要能够做到忠和信，那就是内外兼修的学问了。

下面"无友不如己者"，历来的解释，都是交朋友要交胜过自己的人，勉强一点来说，指交友要交学问德业胜过自己的人。无论如何解释，只要是这种观点，则孔子的所以为圣人，的确大有问题了。这岂不是势利之尤者吗？其实，那是解错了孔子的意思，非常不合理，而且与下文"过则勿惮改"也联不起来。他所谓"无友不如己者"，是由君子不重则不威一句，一直贯串而来；其所以如此说，是教我们处世以忠信为主，处世交友，不要傲慢看不起人。对任何一个人，都要重视他的长处，尊重他的优点，那样，你就不会轻视别人了，也就会觉得，没有任何朋友不如自己了，所以叫作无友不如己者，这便是孔门为学问的真挚处。

因此下面就说："过则勿惮改"，能够这样虚心处世，在在处处都是学问，当你重视人人，发现自己过错的时候，就要勇于改过，不怕困难地努力改过迁善，才是真正为学而学问了。这样，便可知《述而》篇中，"子曰：三人行，必有我师焉！择其善者而从之，其不善者而改之"是互相呼应，并无出入之处；否则，就显见孔子的话，有先后互相矛盾之处了。

全篇说到这里，犹如行文的起承转合，必须把为学的孝弟忠信，内圣外用的方法，做一根本的确定，于是便引出传承孔门道统的曾参的一句话，作为学问方法的一个定论。

好因得好果

曾子曰：慎终追远，民德归厚矣。

历来都把这句话作为圣人以孝治天下的一句格言，把它放在敬事祖宗的头上，以为"慎终"是丧祭的时候，祭之以礼的表现；"追远"，是祭祀列祖列宗，不可不诚的意思。能够做到这样，民风道德，就可归于敦厚了。这种解释，大体为历来所公认，当然不可厚非。不过，从文字意义来讲，它是明明白白告诉你，凡事如要想得一个良好的结果，要想慎其终的，不如预先注意良好的开始。

"追远"，是追寻遥远逐渐而来的初因和动机。因正则果圆，那是处理事物的不易法则。为学之道而达成为人的方法，必须在处处，事事物物，做到谨慎它的初因和动机，能如此培养个人的风格，形成风气，那么，民德就自然归于仁厚了。这样岂不是顺理成章的说法吗？对孝思追祀的意义，也就自然在其中了，何必硬把它当作祭祀祖宗之孝思的教条，岂不是太狭仄难通吗？

讲说学问之道的话太多了，未免有点严肃近于刻板。于是在这里便引出一则学以致用的趣味文章，很像谈禅的机锋，也是最高雅的幽默。

> 子禽问于子贡曰：夫子至于是邦也，必闻其政，求之与？抑与之与？子贡曰：夫子温、良、恭、俭、让以得之。夫子之求之也，其诸异乎人之求之与！

子禽是孔门弟子，名陈亢；子贡也是孔门弟子，姓端木，名赐。因为孔子凄凄惶惶，周游列国之间，而且每到一个邦国，就问他的政治，好像是急于求个从政的机会似的，弄得他的及门弟子也都有点怀疑起来，不知他的心思了。于是子禽便问子贡说，我们老师这种作风，是为了想求得从政的机会吗？还是想贡献他们一些政治的道理呢？或是想多多联合各国，打算另有作为呢？子贡听了他的问题，却不做正面的答复，只是告诉他孔子的修养，以及为人的境界，已经达到温和而不争夺，善良而不凶暴，恭敬而不会轻率，节俭而不肯浪费的精神了。假使老师想求得从政的机会和位置，他也不会像一般人要踏上政治舞台的那些作风啊！而且纵使有国给他位置，他也不见得马上就要，必定会礼让再三，然后于不得已中才接受。

至于孔子究竟想不想从政，对于子禽提出的怀疑，子贡却不肯说，也不便多说了，只是要子禽自己去研究吧！你要怎么想都可以，可是千万不要忘了子贡对孔子的赞辞，"温、良、恭、俭、让以得之"几个字，所代表的孔子的学养和风格。我们讲到这里，如果再说下去就会被两千年前的子贡所笑了，其余未尽的意思，大可由人们自己随时随地去体会吧！你看，这可是很高明的机锋和幽默啊！如果你硬要认为谦让也是一种最高明的权术，那你也不妨试试看，不要玩弄权术自己反被权术所玩，那就"悲叹穷庐，将复何及"了！

下面跟着而来的一则，仍然言归正传，引出

孔子对孝考验的一种方法。

父子之间

> 子曰：父在观其志，父没观其行。三年
> 无改于父之道，可谓孝矣。

须知人伦父子之间，自然是天下最亲爱的关系。但是对至亲至爱的父母，处父子骨肉之间，够得上有至性至情而尽孝的，究竟有多少人做得到呢？虽然你会写信给父亲，学外国人的习惯，喊一声亲爱的爸爸妈妈，大体多半是笔下写写罢了。换言之，父子之间，多少都有点距离，甚之还带点虚假。所以说，当这个人的父母在世的时候，他在父母面前的行为和心志，一定表现得比在外面好得多。但是，当他离开父母，甚至在父母亡故以后，他的行为和心志，如果也是父母在世时一样；而且在父母亡故三年之久，他仍然不改父母在世时的真诚行为和心志，这个人就可以称得上是孝子了。"观"字，就是观察考验的意思。

这一则，顺理成章是如此说的。历来有人的

解释，把它作为父亡三年之中，仍然无改于父母在世时候的志业。这样一来，便有变醍醐为毒药的味道了。为什么呢？第一，未免太笼统；第二，也太不合理。换言之，假如父亲在世时，他的行为是不对的，你也要跟他一样，做三年不对的事吗？而且与《里仁》篇中所述"子曰：事父母几谏，见志不从，又敬不违，劳而不怨"也就有出入了。况且这与下面"礼之用，和为贵"一则，也就脱节了。这就难怪有些人要打倒孔家店，或高喊那是吃人的礼教了。

因为上面的一则，便引出下文孔门弟子有子说到礼的一段，以补充说明对于父母生死存殁之间，孝道是否有所亏缺之处，不然，孔门弟子们也绝不会糊涂如此，不把它放在《八佾》篇中，纳入专讲礼的范围了。

礼的作用

有子曰：礼之用，和为贵；先王之道，斯为美，小大由之。有所不行，知和而和，不以礼节之，亦不可行也。

上面既然说，对父母生死存殁之间的孝道，固然要"三年无改于父之道，可谓孝矣"，但是父母的行为，有时也并非绝对都是好的。只因不敢违背亲心以尽孝道，所以虽然看出父母的行为有不妥的地方，也只好屈志以从，暂时以慰父母之心。可是善恶是非之间，仍须婉转和平地变更。这种地方，就必须要善于运用传统文化里儒家的精神所系，也就是他们极力所提倡的礼乐之教了。所以有子在这里，提出了"礼之用，和为贵"。"和"，便是和平与中和的意思。"礼"的作用，是在折中一切是非矛盾，使之中肯。所以说，先王重礼教，是因为礼是一种美化人文社会和人生的一种方法。无论大小的事，在在处处，都随时需要礼的作用。"先王"，是儒家标榜历史上太平之治、文明鼎盛的代表名称，并不一定指哪一个王朝。

因此有子又说："有所不行，知和而和，不以礼节之，亦不可行也。"这是说，无论大小的事，在善恶是非上，碰到行不通的时候，就要知道礼的作用，可以折中的，便中和了它。不过中和又会发生另一冲突和矛盾，所以中和的本身又具有另一新的中和之因存在，这个便要靠礼的无尽妙用了。如果你不知道用礼来节制的话，无论大小事，有时的确是会行不通的。这样就与上则文字首尾衔接，意思完全贯通了。

因为论孝道而引出有子的一则论礼的作用，又因为讲礼之用，再引出一则有子的论为学的方法。

> 有子曰：信近于义，言可复也；恭近于礼，远耻辱也。因不失其亲，亦可宗也。

他说为学之用，其所以注重"信"字，是因为"信"相近于"义"，可以使言行相符，讲到便能做到。义是礼之宜，是仁的发挥应用，也就是信的宗极。恭敬的"恭"字，是相近于礼的，待人接物，遇事恭敬处理，便可以避免因错误所带来的耻辱，所以礼就是恭敬的宗极。凡是言行之初，目的动因不必太骛高远，陈义理想不必太过高明，必须择其可以亲切而能做得到的，这也就是学问的宗旨了。这是"因不失其亲，亦可宗也"的道理。再由此发挥为亲亲、仁民、爱物，

便是儒家孔门为学扩而充之的宗旨。因此可知
"因不失其亲，亦可宗也"这一句，就是《雍也》
篇中的"能近取譬，可谓仁之方也已"。都是教
人为学由浅近开始，而渐及于远大也。

本篇到此，将近全篇的结论，所以又引用孔
子关于为学态度的一则话，以教示儒者的风格。

　　子曰：君子食无求饱，居无求安，敏于
　事而慎于言，就有道而正焉，可谓好学
　也已。

这是孔子论为学的基本态度。假定有一个
人，能够安于本分，在贫贱的时候，能够甘于贫
贱，虽然食不能得饱，住不能得安，但是具有敏
捷的智慧，注重于笃实履践的工夫，而慎于言
语，并且谦虚好学，肯向有道之士讨教求正，即
可称得上是好学的了。这种为学的态度，也是反
映为学的目的，只是为了完成一个人，是为了人
生，不是为了生活。一个人的胸襟意境，能够升
华到这种程度，才真正是学问的本色了。所以在
《里仁》篇中便说："耻恶衣恶食者，未足与议
也。"也就是这个意思。如果真为学问而学问的

人，绝不会在生活困惑时，就放弃了学问的修养和造诣。

上文已经说了孔子论为学的本色，于是就引出子贡的一段探讨学问的话，作为陪衬，以显示儒者学问修养的境界。

贫而乐 富而礼

子贡曰：贫而无谄，富而无骄，何如？子曰：可也。未若贫而乐，富而好礼者也。子贡曰：《诗》云：如切如磋，如琢如磨。其斯之谓与？子曰：赐也，始可与言《诗》已矣！告诸往而知来者。

我们由这段对话当中，首先便可看出孔门师弟之间，从容探讨学问的风格与乐趣。子贡本来自己认为对于学问的修养，已经有了相当的心得，所以他和老师讨论为学态度的时候，便把自己的胸襟心得说了出来。他说，一个人贫贱时，对别人并无谄媚的态度；在富贵之中，也没有骄傲的神气，这样的修养，你看怎么样？可以说是够得上有学问了吧？本来这一番话，说到学问修养到此，确实也算是很好的了，可是孔子答得更妙，更显出他学问的平易近人之处了。

孔子说：你说的，当然也算是很好的了，可是你说的贫而无谄，是自己胸中仍有一个贫的观念存在，只不过是因为贫，才要做出无谄而已。富而无骄，自己胸中也还有一个富的观念存在，只不过是因为富，才要做出无骄而已。"不谄未必是清流"这种胸襟修养，远不如养到胸中平平淡淡，把贫与富、谄与骄的相对观念，都荡然一概无存，连一个贫与富、谄与骄的意识，都了不可得才好。因此虽然贫亦不改其乐，纵使富也非常好礼，这才是真正的平易踏实了。

子贡听了孔子的话，便有"欲穷千里目，更上一层楼"的感觉，于是就引用两句古诗来赞美说，学问之道，犹如做一件精巧的东西那样，要小心地切了又磋，磋了又切；然后还要经过精细的琢磨，才能完成一个最善美的东西。他又说，关于这两句诗的含义，我现在也由此而懂得了。孔子听了便说：子贡啊！现在才真正可以和你谈谈《诗》的作用和意境了，有了这样的见解，如果告诉你过去的历史和经验，你就可以理解未来是什么境界了。由此可见孔门师弟之间，探讨学问的风格，是如此的轻松和谐，这才是诗样的美化学问和人生。

全篇到此，最后引用孔子一则关于为学的精神和风格的话，作为结论，恰恰与开始的一则互相呼应，有首尾相顾之妙。

子曰：不患人之不己知，患不知人也。

为学之道，在于自己为学问而学问，并不在于求人知道的。而且只要你真有学问，也不愁没有人知道你的。最可怕的，是自己不知道别人有学问啊！到此，它由"学而时习之"和"人不知而不愠"一则一贯起来，自己又下了进一层的注脚，以显示孔门教示为学的风规。

为政第二

子曰：为政以德，譬如北辰，居其所，而众星共之。

子曰：《诗》三百，一言以蔽之，曰思无邪。

子曰：道之以政，齐之以刑，民免而无耻；道之以德，齐之以礼，有耻且格。

子曰：吾十有五而志于学；三十而立；四十而不惑；五十而知天命；六十而耳顺；七十而从心所欲，不逾矩。

孟懿子问孝，子曰：无违。樊迟御，子告之曰：孟孙问孝于我，我对曰：无违。樊迟曰：何谓也？子曰：生，事之以礼；死，葬之以礼，祭之以礼。

孟武伯问孝。子曰：父母唯其疾之忧。

子游问孝。子曰：今之孝者，是谓能

养。至于犬马，皆能有养；不敬，何以别乎？

子夏问孝。子曰：色难。有事弟子服其劳，有酒食先生馔，曾是以为孝乎？

子曰：吾与回言终日，不违如愚。退而省其私，亦足以发，回也，不愚！

子曰：视其所以，观其所由，察其所安，人焉廋哉！人焉廋哉！

子曰：温故而知新，可以为师矣。

子曰：君子不器。

子贡问君子。子曰：先行其言，而后从之。

子曰：君子周而不比，小人比而不周。

子曰：学而不思则罔，思而不学则殆。

子曰：攻乎异端，斯害也已。

子曰：由！诲，女知之乎？知之为知之，不知为不知，是知也。

子张学干禄。子曰：多闻阙疑，慎言其余，则寡尤；多见阙殆，慎行其余，则寡悔。言寡尤，行寡悔，禄在其中矣！

哀公问曰：何为则民服？孔子对曰：举直错诸枉，则民服；举枉错诸直，则民不服。

季康子问：使民敬忠以劝，如之何？子曰：临之以庄，则敬；孝慈，则忠；举善而教不能，则劝。

或谓孔子曰：子奚不为政？子曰：《书》云：孝乎，惟孝友于兄弟。施于有政，是亦为政，奚其为为政？

子曰：人而无信，不知其可也。大车无輗，小车无軏，其何以行之哉？

子张问：十世可知也？子曰：殷因于夏礼，所损益，可知也；周因于殷礼，所损益可知也；其或继周者，虽百世可知也。

子曰：非其鬼而祭之，谄也。见义不为，无勇也。

前言

孔子为学的目的，在继承传统文化儒者的学术精神，儒家以内圣外王作学问的标榜，所以言学必然涉及致用，这是当然的事。《学而》一篇，是孔门弟子记载为学问的内圣道理；继之就是《为政》，是学以致用的外王道理。王就是用的意思。也可以说，《学而》篇是讲为学的道体，《为政》篇是讲学问的外用。

"为政"这一名词，不可以和近代所说的政治观念混为一谈。"政治"这一词的普遍应用，是外来文化的习惯，它包括了政治思想、政治理论、政治制度，以及法治等学术，所以说政治是管理大众和国家的事。《为政》篇中所教示的道理，并不是这些治理与治术，如果一定要借用现代语来说，它可以说是一种政治哲学和原理的指示。

儒家以正己正人谓之政，以学问德行的教导和感化为中心，所以为政重在礼乐。己正人也正，所谓治理的治，便在其中矣。它是由一个人的完成，推而广之，至于立身处世；扩而充之，完成社会、国家、天下为一个大我的境界。所以无论内以立己持身，外以治国平天下，仍然只是一个人学问应用的完成。故说为政的意义，不同于近代所讲的政治这个观念。不过，它又是包括这些政治学上的原则，重在政教合一，只要神而明之，也都在其中了。这两种观念，极有分寸，必须首先理解它的界说，否则，视听混淆，便会发生障碍了。

关于西洋外来的政治思想、理论和制度，自有它学术上的价值。它有时站在纯粹学术和理论的观点上，发挥它的思想，甚之，可以完全离开人生和某一人群的实际经验，而大谈其政治。这与孔门所代表的儒者论为政，是大有出入的。至于政治制度的君主和民主、极权和自由等等的理论与思想，究竟正确到什么程度？世界上毕竟要用哪种形态，才能解决人类的问题？截至目前为止，世界仍是一大实验室，仍然在试验之中，还不能有一永恒不易的定论。这与儒者与孔门的论为政，更不可在此混为一谈，而且也不是我们在这里所讲的主题。

正己正人之德

《为政》篇的开始，首先提出孔子的"为政

以德"的德字。什么叫作德呢？那是由学问的内养，而发于外用的善美的思想和言行，它不是治术方法的效用。

> 子曰：为政以德，譬如北辰，居其所，而众星共之。

辰就是星，譬如北斗，是指天体星座的北斗星。照我们古代固有的天文星象来说，北斗星在北极垣，亦名紫薇垣；在西洋天文学中，它是大熊星座的一部分。北斗一共由七颗星所组成，后面的四颗星叫作斗口或斗杓，前面三颗星叫作斗柄。因为地球的自转和公转，太阳和地球的距离随时不同，所以地面上一年四季的气候，也就有不同的现象，这就是历象之学。时序季节的历象不同，斗柄所指的方向也就不同，整个天体星幕也随着变更。斗柄西指，天下皆秋；斗柄东指，天下皆春。古代星象家认为，天上星群都随着北斗星而旋转，北斗永远有规律地在中天转动，好像在指挥着星群的运转，而它的本身，永远是恬静无为的。

所以孔子讲"为政以德"，教示王道的原则，并不重于治术和才能。换句话说，要讲为政之学，也只有至诚至善至美的德行，才是治道和治术的最高原则。所谓"居其所"，是指以德为政者，是处其所应处之本位上，以无为之道，静静地默然指挥四方，而四方都会遵循其规律，环顾而拱卫它了。孔子用北斗的默默运转，而比喻为政以德的道理，就是指出君人南面之术的德业，还是要做到无为而治才对。所以后文他在《卫灵公》篇中，便说明君人南面之德了。他说："知德者鲜矣"，"无为而治者，其舜也与？夫何为哉！恭己正南面而已矣"。

什么才是德的内涵呢？孔门弟子便记载如下的一则话。

> 子曰：《诗》三百，一言以蔽之，曰思无邪。

孔子对于删定三百篇的《诗经》，主要的用心，在取诗道能和易性情，以及发挥性情的功效。性情不外乎思想，思想也可能变为极危险的，所谓"人心惟危，道心惟微"，就是这个道理。孔子说，诗的精神，一言以蔽之，是调和偏

颇危险的邪思，使它纳于性情的正轨。为政以德
而化治天下者，首先要有诗的境界，内使个人的
性情思想，恬淡至于无欲无邪，然后才可化民成
俗；外使天下人的性情思想，无偏颇无邪思，则
是德的首要，也就是诚意而正心的主要德业。也
可以说，为政以德，以领导人心而正思维为最主
要的原则。这样，你便不会怀疑为什么把"诗三
百"，生硬地插在《为政》篇的开端了。以正己
正人为德业者，如果没有诗的境界，虽然甚善，
到底是未甚美也。换句话说，就没有春风化雨般
的调畅，只有秋气森严般的肃穆，其中的情景，
就大有出入了。

因此才引出一则下文，就是孔子所说为政以
德的至理名言。

子曰：道之以政，齐之以刑，民免而无
耻；道之以德，齐之以礼，有耻且格。

政、刑、德、礼，是四种主要的名词。道字
在此为动词，是领导的"导"字。他说，为政之
道，如果只讲政治的政术，包括政治制度等等，
而且只运用法律刑章来控制的话，人们也会找出

政术刑律的漏洞，巧妙而无耻地避免刑责。要知道政治是外表，德业教化是中心；刑律是外表，礼乐是中心。以德业领导人们，以礼乐教化人们，自然人人知道自正自治，深恐自己的行为有惭王道。这样，自然有羞耻心，行为都纳于正轨，达到了太平。"格"，是至的意思。

下面一则，跟着引出孔子以身作则，论及学问德业修养体验的艰难，他深切地感觉到为德之难，的确不是一件容易的事。

孔子的修养

> 子曰：吾十有五而志于学；三十而立；四十而不惑；五十而知天命；六十而耳顺；七十而从心所欲，不逾矩。

这一则话，是他说学问德业的修养，都以十年为期，同时也说明年龄和经验的可贵。他说自己十五岁便有志于学问。到了三十岁，才确立学问的方向。四十岁才对学问的宗旨没有疑惑。五十岁才知道天人之际的生命微妙。到了六十岁，才能融会顺逆的境界，耳闻目见，都可随顺于学问的境界里了。

为什么只说耳顺呢？大抵人总以亲眼所见，才能自信自肯，若是耳闻便知是非顺逆的，除非大智融通，否则实在是不容易的事。所以谣言止于智者，确实并非易事，如果学问修养经验不到的人，大都容易受邪说谬论和外界宣传所蛊惑。孔子到了七十岁，才从心所欲而不逾矩。矩便是学问修养德业的准绳。

他说自己以五十年努力，才使学养德业至于精纯。人非生而圣者，谁能轻易一蹴而就！这便是孔子为学的精神，也是他谦虚的讲述，更是至德的榜样。孔门弟子所以把它放入《为政》篇中，就是指出德业有如此之难言，与"为政以德"互相比照，真是用心良苦，何尝是错摆了位置呢！后世学者岂可以得少为足，轻易而言德业！

全篇到这里是一转，下文便引出孔子所讲为政的几则机趣，像是孔子的机会教育，令人可做深思也。

什么是孝

孟懿子问孝，子曰：无违。樊迟御，子告之曰：孟孙问孝于我，我对曰：无违。樊迟曰：何谓也？子曰：生，事之以礼；死，葬之以礼，祭之以礼。

这一则本来是讲孝道的文字，为什么放在这里？粗看起来，实在不合。如果加以体会，便大有道理了。孟懿子就是仲孙何忌，懿是谥号，他是鲁国的大夫，正是孔子君父之国的从政人物。他也要来问孔子孝道的德行，于是孔子便把握机会来说教了。他说，孝道不难，只要不违背事理，不违背父母的意思就对了。这说了岂不是等于不说！谁不知道这样便是孝呢？可是，不然！不然！须知儒者论孝，认为凡是担任国家领导的人，要以孝父母之心，大孝于天下才对。换言之，因为孟懿子是鲁国从政的人，所以孔子答复的意思是，只要你视天下人如父母，不违背天下人的心志，便是大孝。但是无法直截了当对他明说，所以只说了一句"无违"，要他自己去领略。

樊迟是孔门的弟子，名须。等到孟懿子走了，孔子出门，樊迟来驾车，他们师弟之间，便在路上闲话起来。他告诉樊迟说，刚才孟孙来问孝，我告诉他无违，你认为如何？樊迟听了，觉得很奇怪，这个意思是人人都知道的，还要你说吗？所以他转问老师，这是什么意思呢？殊不知此理三岁小儿也知道，也许百岁老人还做不到，所以孔子便说："生，事之以礼；死，葬之以礼，祭之以礼。"

孔子说的三句话有三个道理。第一，他要考验一下樊迟悟解的程度。第二，他要把此事说清楚一点，学问如大海之水，只看你自己的度量，能够取得多少算多少。你以此处天下，便是大孝；以此持一身，也是孝子。人生无论个人或人类，除了生和死，以及死后的追思以外，还有什么事可讲呢？所以你懂得养生送死而无憾，孝道自在其中矣。第三，他的意思还是取瑟而歌，指东说西，可惜孟懿子当时没有再问下去，恐怕他还没有弄清楚孔子所讲的用意，所以孔子后来和樊迟又一问一答地再说一番。接着引出下面更有机趣的话来了。

> 孟武伯问孝。子曰：父母唯其疾之忧。

孟武伯是鲁大夫孟懿子的儿子，名仲孙彘，武是谥号。在当时，他们都有世袭的官位。那孟武伯，可说是一个道地的公子哥儿，他也向孔子问孝的道理。孔子答他的，和答他父亲的，话就不同了。孔子没有正面说出做儿子的应该如何对父母尽孝，只是说出父母对子女的慈爱之至情来启发他。他说，做父母的人，唯恐子女身心不健康，随时担忧子女们的疾病。换句话说，你看父母对子女这种慈爱，是多么伟大和真情啊！孝道便是反其道而报之的真情。你如果仰事父母，也同父母对子女的用心那样，那还有什么话说呢？

这个道理说穿了，本来是很明显的，孔子又为什么对他如此说呢？第一，他是观机施教，极善于使用机会教育。第二，凡是世家的公子哥儿们，大多会成为纨绔子弟，从来也不知民间的疾苦，可是他们的从政机会，又会比普通平民为多。所以他说这一段话，也是要他视天下之人如父母，待天下人之心如对子女，随时随地，以体

恤民间的疾苦为念，才是真正的大孝。所以这一
则话，就随其父子两人问孝，同时插入《为政》
篇中了。

孝道本来是仰事父母，扩充其情，而至于国
家天下，由此完成一个人的本分学问。以之处父
母之间和处天下，是一事的两面。所以下面二则
对弟子们教孝的话，也便插入《为政》篇中。

如何行孝

　　子游问孝。子曰：今之孝者，是谓能
养。至于犬马，皆能有养；不敬，何以
别乎？

子游是孔门的弟子，姓言名偃，吴人，少孔
子四十五岁。他来问孝，孔子便说，现在讲孝道
的啊，只知道能供养父母，使他们老年生活安定
就好了。殊不知人生不只是为了生活，况且动物
中如犬马，它们也天然地会活着，人们蓄养犬
马，不是也只给它们生活吗？如果认为只要以安
定生活，便尽了人的孝道，那和对待动物又有什
么分别呢？人的尽孝，主要有个"敬"字，敬是

性情真诚的表现，也就是人性的美德。如果缺乏了这种精神，不能使人自在安乐，那就根本不知道人之所以为人的道理了。

下文跟着是孔门弟子子夏的问孝，孔子的启示，等于答子游所问的补充说明，也就是解释孝道中敬字的表现。

> 子夏问孝。子曰：色难。有事弟子服其劳，有酒食先生馔，曾是以为孝乎？

"色"，就是表面的态度和颜色，人们当然也做到了孝父母，有事呢，子女便先做了，有好的酒食呢，也先奉献给父母吃了。可是在做的时候，那种态度和颜色，是苦苦唧唧，或者冷冰冰的，勉勉强强的，那就是"色难"，父母吃下去，也会不消化的。他说："曾是以为孝乎？"是说，这样也叫作孝吗？扩而充之，人之所以为人，无论持身齐家或治国，学问修养达到诚敬的程度，固然很难，如态度和颜色，能做到"敬"字，也已经很不容易了。有许多人处事，待人接物，的确也诚心做好，可是当他在做的时候，那种态度和神气，实在使人受不了。以那种态度处事对人，纵然是做好事，他的后果也是很难堪的。所以这一则，也放在《为政》篇中，孔门弟子的用心，是很值得深思的。

全篇到此，下文便转了一个话题。

听其言　观其行

> 子曰：吾与回言终日，不违如愚。退而省其私，亦足以发，回也，不愚！

这一则，本来不是什么重要的大道理，只是孔子的自言自语，说他和得意弟子颜回（颜渊）谈话时，发现颜回的长处，就加以赞勉几句。为什么弟子们却把它放在《为政》篇中？那个作用就重大了。他与颜回讲话，讲学论道，每每讲一整天，看起来，颜回只是唯唯听命，并不违背他老师的话，好像很愚笨似的。等到颜回告退了，孔子省察考验他私下的言行，不但没有违反原来的态度和道理，而且还能够加以发挥。于是他说，颜回的确是不愚笨的啊！

我们可以说，像颜回这样的人和事，并不少啊！难道孔门其他的弟子，都不是如此的吗？那孔子就很可怜了，他的教学也是大大地失败了。其实，这一则的用意，并不只在于赞扬颜回，这是一则为人处事的大学问。以个人来说，当他在父母师长或长上的面前，很可能都是唯唯诺诺，"不违如愚"的，何以一退转来，在他的私下，就不是这样一回事了呢？以从政来说，大科长说了小科员，小科员只有唯唯诺诺，虽然心诽而口也不敢言。小科员私下就大骂其小工友了。小工友回家，就只有向其老婆儿女发发脾气的分儿。这都是人情之常，无足为怪。

假使是一个真有学养的人，他对是非曲直，一定会很婉转地明辨清楚，无论当面和背后，都是一样，绝不会听了不对的话，也同听了对的一样，故意做到不违如愚了。如果真是一个有学养的人，不但不阳奉阴违，而且能做到奉命唯谨，更会再加以发挥，有如颜回对他老师孔子的教导一样，那就会上下交辉，自然达到天人交泰、政出令行了。所以孔门弟子把这一则老师评论颜回的话，也放在《为政》篇中了。

子曰：视其所以，观其所由，察其所

安，人焉廋哉！人焉廋哉！

这一则，本来是孔子论考验一个人的学问和言行的话，把它和孔子评论颜回的学养，先后放在《为政》篇里，恰恰凑泊得很好，可以成为一则察微知著，观人就事，用人为政的学问了。观察一个人，首先要看他待人接物的动机和目的，然后再"观其所由"，就是观察他处事为人的方法和途径。这两句与《里仁》篇中"富与贵，是人之所欲也，不以其道得之，不处也。贫与贱，是人之所恶也，不以其道得之，不去也"，是自作注解的最好说明。

"察其所安"，就是考察他的平时如何安排自己，以及他的生活方式。这一句话，恰恰也是《里仁》篇的"不仁者，不可以久处约，不可以长处乐。仁者安仁，知者利仁"，以及"士志于道，而耻恶衣恶食者，未足与议也"。先后呼应，也是自作注解的好文章。他说，如果根据这个原则去观察一个人，他的长处和缺点，就无法掩饰了。以《为政》来说，这正是观察一个从政者风格的准绳，把他和《春秋》、《左传》、《战国策》、

《二十五史》，以及刘劭的《人物志》，纵横参合研究，便可深得其中的三昧。然后方知孔子的言教，虽言简而义深，始终可以做万世师法的标准。

全篇到此，忽然一转，接连记载几则孔子论学问修养的话，指出学而致用到为政的器识。

器识　品德

子曰：温故而知新，可以为师矣。

这句话，如果照表面来看，只是教人温习旧的，便可以知道新的；以前的事情，可作为新的师法。本来这只是教育上的一种启发式最好的格言，为什么孔门的弟子们会把它放在《为政》篇里呢？其用意，也就是说，为政之道，必须要知道承先启后，绵延继续历史的生命，所以必须要熟习历史和传统文化，由温习数千年的历史文化，才可以知道如何创造新时代，领导时代向新的路上去开发。历史就是我们的良师，所以了解过去的历史，就是创造新时代的师法。孔子动辄便称先王之道，也就是不敢或忘历史传统的精神，如果只把它当作怀念先辈的皇帝制度，那就太冤枉了。

接着再讲学而致用，到为政者的器识。

子曰：君子不器。

"器"，就是器皿。一个人的学问度量，如果成为定型，那就像一件大材，已经雕刻成了一个物品，他的用处只是限定在那个特点了。所以学问修养大成的君子，他的器度，是无物可方，不是局限于某一定型的。可是这句话，只是说儒者的器识，并不是说儒者的品德。因为他的品德，就是君子之器，并非小人之器，器识包括学识和见地，所以是先德行而后器识。孔子说了这一句话后，子贡就跟着问他老师，所谓君子的德行，应该是如何呢？

子贡问君子。子曰：先行其言，而后从之。

这就是说，君子的德行，应该是重于笃实履践，少说空言，多做实事，要把实行放在宣传的前面，以实行求是为重要。

说到器识，自然便有我相，因为人人都要发

扬我的思想，我的见解。而且同于我的便相亲，异于我的便见外。尤其一个为政的人，最容易被情感和私心所蒙蔽。学问修养，如不能达到光风霁月，可以藏垢纳污、化被天下的话，往往就出大问题了。

　　子曰：君子周而不比，小人比而不周。

　　所以本篇引用孔子答子贡问君子之后，跟着又引出孔子论君子的一则，是为政者最需要随时自我省察的。"周"，是普遍圆融的意思；"比"，是互相排比对立的意思。他说，凡是君子的儒者，他的胸襟器度，是周遍圆融，不限于一方一处的；相反的，就不能圆融周遍，待人处事便会形成互相排比对立了。这两则，都由"君子不器"的一句而来，到此才是三则的结语，也就是说明，为政者先要养成大度容物的器识，不可陷于偏爱徇私的小器局。

　　例如宋代名臣滕甫，神宗问他治乱之道，他便说："治乱之道，如黑白东西，所以变色易位者，朋党泪之也。""帝曰：'卿知君子小人之党乎？'曰：'君子无党，譬之草木，绸缪相附者，必蔓草，非松柏也。朝廷无朋党，虽中主可济。不然，虽上圣亦殆。'帝以为名言。"

跟着而来的，是关于学问思想和见地的事。

学问 思想 天才

子曰：学而不思则罔，思而不学则殆。

这是说，如果有学问而没有思想和天才的话，那便会近于恍惚而不切实际；如果有思想和天才，可是没有经过学问的陶冶，那就会有易入偏颇的危险。在古今中外的历史政治上，处处可以看到这种事实，毋须多说。这无非是指明，为政者既要具备天才、思想，还得有学问，如果仅具备一项而去为政，都是很危险的事。所以不通世故之君子，与小有才、未明君子之大道的人，都是为政的一大忌。因为讲到学问和思想，所以便有下文孔子的一则话。

子曰：攻乎异端，斯害也已。

这是说，学问和思想，如果专从奇特怪异的方向去用功发展，固然也会言之成理，或另有所发现，但是到底害己害人，甚之贻害世人于无穷。历来都把这一句话，解释成只要是不做儒家的学问，便是异端，这未免也是"比而不周"的偏见。况且孔子并没有说，凡是儒家以外的学问，都算是异端啊！所谓异端，就是特别怪异的意思和走向极端的思想。也等于说："凡事之不近人情者，鲜不为大奸慝。"不能包容异己，化除成见，只顾攻击另一方，也会形成祸害的。这些也都是异端的道理，与上文学而不思、思而不学是连带而来的，所以下文便引出孔子教导子路的一则话了。

> 子曰：由！诲，女知之乎？知之为知之，不知为不知，是知也。

这是说：子路啊！我平常教诲你的，你真的知道了吗？一个人的学问知识，必须要诚敬而平实。知道的，便说是知道；不知道的，就说是不知道。这才是真实的学问，这才是真正的知识。最怕的是强不知以为知，如果用他来为政，那就是既不学而思，又不思而学，如果这样来处天下事，不问可知其果矣。

最后引出孔子教弟子颛孙师的一则，作为这

几则的结语，便见层层托出、条贯井然了。

> 子张学干禄。子曰：多闻阙疑，慎言其
> 余，则寡尤；多见阙殆，慎行其余，则寡
> 悔。言寡尤，行寡悔，禄在其中矣！

子张是孔门的弟子，姓颛孙，名师，陈人，少孔子四十八岁。"干禄"，便是干求禄位，等于现代人说的求一个官位。孔子教弟子们的，是学习人之所以为人的学问，就像所教的为政，也不过是为人处事的学问之扩充。可是子张来求学的目的，既不是想学为政的道理，也不是学政治，只是想学求得禄位的方法，这与孔子的教学精神，却大相径庭了。可是孔子还是因势利导，很巧妙地领导他向学问的路上去。

他说，一个人的学问，必须要多闻，多闻是广博的意思。但是人的生命有限，知识无穷，固然必须要多闻，可是知之为知之，不知为不知。凡是不知道的事理，宁可保存疑问，阙以待考，且要谨慎发言，不必强不知以为知，妄说一些并不知道的话，这样，就可减少过错。同时，一个人的学问，但有广博的知识还是不够的，必须要

多见。多见便是阅历与经验，凡是自己阅历经验缺乏的事，宁可放弃冒险和尝试，这样，便可减少错误的罪过，减少后悔的痛苦。那你所谓干求禄位的作用，自然便在其中了。

孔子这一则话，的确是学习从政者最好的戒条，他虽然仍以人之所以为人的学问修养为重，不教子张干禄的办法，可是事实上，也已经教了。不过这种学问，的确只限于学求干禄的一种从政学问，尤其是属于幕府科班的好榜样。但是用得不当或太过，往往流为唯唯否否听命唯谨的政治。结果呢？个人的禄位，虽然在其中了，天下国家事，也就多尤多悔了。所以在《学而》篇中，孔子便说："礼之用，和为贵"，及"有所不行，知和而和，不以礼节之，亦不可行也"。在这中间，就更需要知道用礼义来仲裁才对。

全篇到此，孔子只与弟子们讲些为政的道理，粗看起来，都是一些纸上谈兵的话，所以在这里，便插入鲁哀公问政与季康子问政，以及孔子自说为政的主要宗旨，以贯串所有上文的大机大用。

有德才能服人

> 哀公问曰：何为则民服？孔子对曰：举直错诸枉，则民服；举枉错诸直，则民不服。

哀公是鲁国的国君，也就是孔子君父之国的君主。孔子生在鲁国，虽然做了鲁国短期的司寇，但是大半的时间，仍然冷落的、无所作为地在鲁国度过。那时候的中国，还在以周室为共主、各方诸侯分封建国的时代，全国等于一个联邦政府，公奉周室为中央政权。在孔子的时代，诸侯都想独立称霸，互相争战不已，周室等于是一个空架子。

孔子以继承传统文化精神为标榜，而他的讲学，又以诚意、正心、修身、齐家、治国、平天下的王道为目的。王道的重心在为政，治国的重心，却在政治。为政之道，任重而道远，诸侯们都无心于此，等于可望而不可即。而且那个时代的大势所趋，也只有治国以图自强，才能称霸诸侯。可是孔子仍然希望诸侯之中向心王道，达到

大统一的太平局面，所以弄得无所适用，只有归
而讲学授徒，藉以继承传统文化的精神了。

哀公虽然尊重孔子，向他请教治道，可是犹
如子张学干禄一样，一开口，目的便弄错了。你
看哀公问的，"何为则民服？"那就是说，如何做
法，才能使国民都心服呢？殊不知为政以德，要
先从自己做起，并不重在做法如何才使人们服从
于我。如果不从自己做起，只求如何做法能使人
们服从我才是治道，那可以说只是政治的一种权
术罢了。

孔子到此无可奈何，只有因势利导，在无形
中，仍然想把哀公向王道的学问上拉，可是又不
能离题太远，多少还要带点治术才对。所以他
说，提举一般正直的人和举行各种直道而行的
事，把那些歪曲用权术的人和事都去掉了，国民
自然就心服了；如果相反的话，大家自然就不服
了。"直"，是直道、直心、直行的正直之直。
"错"，是搁置和修整的意思。"枉"，是歪曲转变
的意思。这一则问答，是针对哀公"何为则民
服"的意思而发，虽然告他以直道，仍然还说，

这样才能使国民心服。这些话无非从以德服人而言，希望他向王道的路上走去。

跟着而来的，又是一则季康子问政治的话，孔子只好又用诱导的方法，希望他明白为政的大道。季康子就是鲁国大夫季孙肥，康是谥号，也是当时一个从政的大员。

> 季康子问：使民敬忠以劝，如之何？子曰：临之以庄，则敬；孝慈，则忠；举善而教不能，则劝。

本来"敬"与"忠"，是一种美德，也代表文化思想的一种精神。"劝"，是互相劝勉和劝导的意思。用现代语来说，如何"使民敬忠以劝"这句话，就是如何能使人们互相勉励，而形成一种敬与忠的风气。季康子问的本来也没有错，错只错在一开口，便想如何"使民"的这个"使"字的动机上。"使民"是要求人们，并非要求自己。论政治，固然可以要求人们做到如何如何。但讨论为政的大道，就须先要求从自己做起。所以孔子把握住这个问题，就说，你只要从自己做起，自己把内在的心术，先做到端正庄严，然后出来临政，处理政务，自然会影响感化人们，都会敬人敬事了。

这也就是说，自己要由学问修养上做起，仰对父母以尽孝，下对子女以慈爱，这样，自会影响感化人们，都会尽忠报国了。所以为政的道理，不在多言，只要尽心于孝道，视天下人如父母一样的心情，举措一切善行的风规，然后以慈爱的心情，教导大众技能和知识，使人人能持身而安乐地生活，那就自然形成一种风气，人们自己就会互相勉励，做到敬与忠了。如果只想使民如何，这一个"使"字，便会让人们生反感。等而下之，就把敬与忠变成一种口头语，一点都无用了。

《为政》篇中，只有记载孔子的这两则话，对国君、对从政的大夫们，提示一点为政的道理，已经管窥一斑，便知全豹，就可了解他所继承传统文化的王道精神，其余也用不着多说了。可是，偏有一些人，还不了解他的用心，听了他讲许多为政的道理，便说，你既然讲得那样好，为什么自己不去从政、作为一番呢？这真叫作隔靴搔痒，一点抓不到他的要点，孔子只好大声疾呼说，我说的为政，不是从政或政治的思想啊！
于是就指出历史传统文化思想的《书经》来说，
你能够做到孝友于兄弟的学问和修养，再发扬光
大，使致用于世，那就是为政了，何必一定讲做
什么官，用什么政治手段呢？

> 或谓孔子曰：子奚不为政？子曰：《书》
> 云：孝乎，惟孝友于兄弟。施于有政，是亦
> 为政，奚其为为政？

这一则，是孔子的呼声，也就是夫子的感叹
了。由于我们把这一篇作为整篇的学术论文来研
究，依据上面的线索而来，下文一则，孔子讲信
的作用，因为是接连上文这一则之后，这个
"信"字，就只有移作信仰或信任的自信心来讲
了。《论语》其他各篇中，讲"信"字的已经不
少，唯有这一则讲信，借用也罢、原意也罢，如
此一来，便全篇条贯井然了。

自信　信仁

> 子曰：人而无信，不知其可也。大车无
> 輗，小车无軏，其何以行之哉？

这是孔子说，如果一个人，对王道仁学没有信心，又没有信任仁道的自信心，我就不知道他怎样可以立己立人了！自信和信仁道的信心，等于是古代大牛车前面的横档和古代小马车上的曲钩。如果没有它，你在人生的大道上，就会感到寸步难行了。因为人们不信仰，也不了解王道为政的大机大用，始终认为这是迂阔陈腐的见解，更不相信它是能够治国、平天下而达到大同之目的。所以孔子便由内心发出感叹了！没有真见地，就无真信心，信心之难建立，实堪一叹！他这一叹，与以后见麒麟而绝命的一叹，都是无比的悲心流露，足以永垂万古了。

《为政》一篇，到此本来已经告一段落，但是还有孔子弟子颛孙师的一问，又如奇峰突起，不得不插入此中，作为收场的结论。

> 子张问：十世可知也？子曰：殷因于夏礼，所损益可知也；周因于殷礼，所损益可知也；其或继周者，虽百世可知也。

孔子的教学，效法先圣，动辄尊称先王。尤其论为政，始终不肯教一些政治的方法。子张来问干禄，又被孔子教诫一番，于是他就不得不提出心头的怀疑来问了。这次他问的什么呢？他是问，既然老师讲历史传统文化的精神，言下便称先王之治是如何的好，可是我看到的历史，旧的总要革新才对，时代是在不断地变啊！老师能不能讲一讲过去的历史，上推到十世以上的传统精神和今后十世以后的趋向呢？

孔子便说，殷汤时代的历史文化思想，是因袭上一代夏禹时的文化精神。不过其中因时代的不同，文化思想都经过一番曲折，不好的废除了，好的增加了。你只要把握历史传统文化的精神来看，就可以了解上下各个时代的演变趋势了。到了孔子时代，周朝的文化思想，是因袭殷汤时代的文化精神，这中间的增减，你也可以看得出来。只要把握历史文化的精神，虽然千秋百世以后，它的趋向也可以知道是一贯的，还有什么不知道的呢？怕只怕，时代在变，上下五千年的历史传统文化精神，不是跟着时代的变化而损益增减，根本就连根而拔了，那就国亡无日，真无所逃于天地之间了。所以最后是孔子的无穷感叹，作为结尾。

中国鬼　外国鬼

　　子曰：非其鬼而祭之，谄也。见义不
为，无勇也。

我们的传统文化，中心在礼乐，非常重视祭
祀鬼神的礼仪，用以垂戒千秋万世的子孙，使人
们知道对列祖列宗的历史传统精神崇敬，要你随
时不敢或忘。祭鬼，是祭祖宗的精神，本来并非
乱祭什么鬼的，如果不懂礼仪祭祀的精神，就是
数典忘祖了。可是现在所要祭的既不是应该要祭
的鬼，连大鼻子红头发的野鬼也祭祀起来了，真
是无耻之尤，谄媚下流。这是历史传统文化衰亡
的危机，正是我们义所当为、振臂疾呼的时候。
如果见义而不为，就是无勇。孔子这样的一则
话，作为《为政》全篇的结论，真有鹤唳九皋、
声闻于天的气势，使人俯仰有愧。而且用这两则
话作为《为政》全篇的结论，引出下篇《八佾》，
讲传统文化精神礼乐的重要，更可见其烘云托
月、层层引发之妙。

八佾第三

孔子谓季氏：八佾舞于庭。是可忍也，孰不可忍也？

三家者以《雍》彻。子曰：相维辟公，天子穆穆。奚取于三家之堂？

子曰：人而不仁，如礼何？人而不仁，如乐何？

林放问礼之本。子曰：大哉问！礼，与其奢也，宁俭；丧，与其易也，宁戚。

子曰：夷狄之有君，不如诸夏之亡也。

季氏旅于泰山。子谓冉有曰：女弗能救与？对曰：不能。子曰：呜呼！曾谓泰山不如林放乎？

子曰：君子无所争，必也射乎！揖让而升，下而饮，其争也君子。

子夏问曰：巧笑倩兮，美目盼兮，素以

为绚兮。何谓也？子曰：绘事后素。曰：礼
后乎？子曰：起予者商也，始可与言《诗》
已矣。

子曰：夏礼，吾能言之，杞不足征也。
殷礼，吾能言之，宋不足征也。文献不足故
也，足，则吾能征之矣。

子曰：禘自既灌而往者，吾不欲观
之矣。

或问禘之说。子曰：不知也。知其说者
之于天下也，其如示诸斯乎？指其掌。

祭如在，祭神如神在。子曰：吾不与
祭，如不祭。

王孙贾问曰：与其媚于奥，宁媚于灶。
何谓也？子曰：不然。获罪于天，无所
祷也。

子曰：周监于二代，郁郁乎文哉！吾
从周。

子入太庙，每事问。或曰：孰谓鄹人之
子知礼乎？入太庙，每事问。子闻之曰：是
礼也！

子曰：射不主皮，为力不同科，古之道也。

子贡欲去告朔之饩羊。子曰：赐也！尔爱其羊，我爱其礼。

子曰：事君尽礼，人以为谄也。

定公问：君使臣，臣事君，如之何？孔子对曰：君使臣以礼，臣事君以忠。

子曰：《关雎》，乐而不淫，哀而不伤。

哀公问社于宰我。宰我对曰：夏后氏以松，殷人以柏，周人以栗。曰：使民战栗。子闻之曰：成事不说，遂事不谏，既往不咎。

子曰：管仲之器小哉！或曰：管仲俭乎？曰：管氏有三归，官事不摄，焉得俭？然则管仲知礼乎？曰：邦君树塞门，管氏亦树塞门。邦君为两君之好，有反坫，管氏亦有反坫。管氏而知礼，孰不知礼？

子语鲁大师乐，曰：乐其可知也。始作，翕如也。从之纯如也，皦如也，绎如也。以成。

仪封人请见，曰：君子之至于斯也，吾未尝不得见也。从者见之。出曰：二三子，何患于丧乎？天下之无道也久矣，天将以夫子为木铎。

子谓《韶》：尽美矣，又尽善也。谓《武》：尽美矣，未尽善也。

子曰：居上不宽，为礼不敬，临丧不哀，吾何以观之哉！

前言

上面《为政》篇中，在子张问"十世可知也"的一则里，已经讲到孔子为学为政的精神，是继承历史传统文化的学问。由先王三代之治以至于周，所能保持传统文化精神的文献，唯有《诗》、《书》、《易》、《礼》、《乐》等几种资料，以及周代因袭殷汤以后，礼与乐的教化所形成的社会风俗和一般风气而已。每当时代的兴衰，必定先有社会风气的转变，渐使风俗败坏，至于不可收拾。一叶黄落，便知秋之将至，所以智者每每见到风气的机先，就有无穷的隐忧了。

宋代大儒邵康节所谓"国尚夷服者，其国必亡于夷。天下将治，地气自北而南；天下将乱，地气自南而北。国人尚大袖，其国疆土日拓；国人尚窄袖，其国疆土日削；国尚红绿，其国必将大乱"，这种先见之明，并非由神秘的先知，实在是根据文化风气的转变，便可断定未来的局面了。凡是儒者，无论为学为政，必须留心至此，才是学问之道。这些道理，无智者闻之，必大笑而走，正如老子所谓"下士闻道，大笑之，不笑不足以为道"了。

孔门弟子，记载孔子的语义，继《为政》篇之后，就是《八佾》，是由礼俗风气的开始，引出了孔子与弟子间一大篇有关礼乐的文章。粗读起来，不但非常乏味，而且也令人感觉孔子似乎异乎寻常地迂腐和固执，并且又念念不忘于王道，仍然希望天下诸侯以尊周为务，难怪其凄凄惶惶，无所用于当世了。其实，周室应不应该值得尊奉，在孔子的学术来说，那还是次要的问题，他之所以尊周，其意在于行王道，以之传承历史的传统文化，致天下于太平，这才是他的愿望。至于区区的"八佾"和"雍彻",那不过是先秋风而落的一两片黄叶而已,当然不是非要保留不可。这种观念和思想,先要分得清楚,然后才可以讲礼乐的大机大用了。

天下将乱　风气为先

八佾是古代一种礼乐,庄严美妙的舞蹈,舞列一共八排,每排八人为一列,而且是属于天子国君的礼舞。本来并没有什么了不起,可是在孔子君父之国的鲁国,有一个大夫季桓子,就在自己家里,也舞起八佾来了,可见那种虚荣和奢靡的风气,以及破坏制度和反常的趋向,渐渐已经趋于表面化了。天下将乱,必有风气为之先,所以孔子便发出无穷的感叹,对当时士大夫知识分子们的行为,认为是忍无可忍的坏事了。试想,以孔子的为人和学养,何至于对一种无关国家大计的舞蹈生那么大的气呢?实因看到不良的风气已经开端,所以他的弟子们便秉笔直书,把它记载下来了。

孔子谓季氏:八佾舞于庭。是可忍也,

孰不可忍也？

这里这个"忍"字，也可说是孔子对季氏的不满。他说，这些士大夫阶级的知识分子们，也忍心这样去做，那还用说，还有什么事他们不忍心去做呢？

飓风起于萍末，风气果然厉害，一旦开始，便难以阻止，所以孔门弟子在本篇中第二则的记载便跟着说，当时礼乐的风气，也渐渐没有秩序而乱来了。

　　三家者以《雍》彻。子曰：相维辟公，天子穆穆。奚取于三家之堂？

这里所说的三家，是当时鲁国政治上的三大重要人物，所谓仲孙、叔孙、季孙这三家。《雍》，是天子行大礼时所唱的歌章。"彻"，是一个动词。当天子祭祀完毕的时候，就要歌唱《雍》章了，所以合起来便叫作《雍》彻。这三家不过是诸侯之国政治上的三大重要人物，可是他们竟随随便便在高兴的时候，就唱起帝王所用的《雍》章来了。所以孔子便引用《雍》诗里的话说，"相维辟公"，当天子祭祀的时候，站在旁边相助祭祀的,都是列国的诸侯。"辟公",便是诸侯。"天子穆穆"是说,那个时候,天子的态度,是很庄严肃穆的。可是现在一个大夫之官的私家,也用起这些礼乐来了。于是孔子便说:"奚取于三家之堂",他说,不知道这三家,是什么道理才会这样做的?孔子说这句话的意思是,他本来也知道这三家并没有什么道理,只是社会的风气已经开始大乱了。这三家有权、有位又有势,就带头早点搅乱社会风气而已。你如问他三家本人,他们也不知道是什么意思。于是孔子于后来的岁月中,不得不着手写《春秋》,以寓褒贬之意于历史文化之中了。

下文跟着的一则,便记载孔子当时感叹传统文化精神的礼乐,已经衰败到无可救药的地步了。

礼的基本原则

子曰:人而不仁,如礼何?人而不仁,如乐何?

由这一则,你可以看出,孔子虽然对文化精

神的礼乐，发出无穷的感叹，但是他仍然认为那是教化的失败。一个人之所以为人的学问没有完成，是因为人们不知道传统文化精神的仁心仁术，所以他的根本已经没有了，还说什么礼与乐呢？综合以上的三则，便是全篇开宗明义的点题，以下都由此而来，便可以了解全篇都是一以贯之的精神，所以下文便引出林放问礼之本的话了。

　　林放问礼之本。子曰：大哉问！礼，与其奢也，宁俭；丧，与其易也，宁戚。

　　林放，鲁国人。他看见孔子经常为礼乐的衰亡而感叹，所以便问孔子，礼的根本是什么？这本来就是传统文化的一个大问题，不但林放要问，恐怕别人也都想问。大家都知道传统文化中很注重礼，我国历来都自称是礼义之邦。这个礼究竟又是讲的什么呢？你如果认为待人接物哈腰作揖、满脸堆笑便是礼了，那真是不知礼之本啊！孔子传承历史文化，删定礼的部分，留传下来的有三礼，就是《周礼》、《仪礼》、《礼记》，通常都叫作《礼记》。

这三种书的内容，包括了历史传统文化的精神。例如正心诚意、学问修养、政治思想、政治制度、社会制度、社会风俗、习惯法、伦理、心理卫生、生理卫生，等等，无一不包。当然那是古典书籍，并不像现代人那些什么概论、什么历史那样的有系统、有条理。但是从那一时代和传统的观念看来，也不能说它是完全不科学的，只是不合于现代的科学分类方法而已。你站在现代的立场，一开口，便把传统文化思想说得这样不科学，那样不科学，那你才是真正没有科学头脑呢！为什么呢？因为你忘记了产生科学最主要的时间和空间。

例如现代流传的《大学》、《中庸》，以及《礼运·大同篇》的思想，也只是《礼记》的一部分，你就可想而知它的内容了。可是这些等等，都还只算是传统文化中"礼"的部分，那是属于礼仪之礼。换句话说，上至哲学和政治，下至社会制度和个人礼貌，都只是礼的应用。那么，礼之本究竟是什么呢？这就是传统文化精神的最高境界，所谓天人之际、天人合一、形而上和形而下共通的体用认识，也就是我们列祖列宗文化精神的基本所在。《礼记·檀弓篇》所谓"毋不敬。俨若思。安定辞。安民哉"的境界，包括了宗教，而又超越宗教，完成人本位以合天人的造诣。

所以当林放问礼之本，孔子便说："大哉问!"这是说，你这个题目问得太博大精深了!他觉得林放的程度，是不能理解到传统文化的最高境界的，于是只好转而拿礼仪的最相近、最基本的应用，姑且回答他的所问。他说，一切礼仪的基本原则，与其太过于奢华，毋宁简单朴实的好。丧礼，与其外表虚华，毋宁是忧戚的好。在这中间，无形中说明了礼中最重要的"敬"字。总之，待人接物，或对人处事，宁可在在处处，随时谨慎，敬以从事，也就近于礼了。因此，孔门弟子跟着便记载一则孔子对文化精神重视的话。

子曰：夷狄之有君，不如诸夏之亡也。

我们的古代历史习惯，对北方与东西边区文化落后的民族，就叫作夷狄。他说，那些文化落后或历史浅薄的民族，也有他们自己的文物、衣冠和制度，也有领袖君主。可是他们缺乏历史文化的精神，虽然也有君主统治着人民，但还不如夏禹的王朝，虽然已经亡了王位和国土，可是他的文化精神，还是永远垂照千秋万代的啊！由这里知道，孔子对历史传统文化精神重视的程度。换句话说，我们的国家体制，尽管可以随时变动，但我们的历史传统文化，万万不能让它灭亡。因为那是我们列祖列宗传统的精神，是炎黄子孙应该坚定建立的志向。

全篇到这里，突然转了一个题目，还是归结到开始所讲的，孔子非常担忧社会风气的衰坏。

拜神和迷信

季氏旅于泰山。子谓冉有曰：女弗能救与？对曰：不能。子曰：呜呼！曾谓泰山不如林放乎？

这里所讲的季氏，可能就是所讲"三家者以《雍》彻"的季氏。泰山在山东境内，就在当时的鲁国区域，历代都把它作为祭祀上帝神祇的圣区，由帝王代表全国人民去封禅祭祀。"旅"，是行旅去祭祀。冉有是孔门弟子，名求，那时正任季氏的家臣。季氏忽然也想仿照帝王的做法，到泰山去祭祀一番，一方面，想求上帝的保佑；一方面，也想过一过帝王风光的瘾。孔子知道了，便对冉有说，你难道不能拯救他，矫正他的狂妄思想吗？冉有说：我没有法子劝他。孔子便说：唉！那还有什么话说呢！你要知道，泰山如果有神，那个泰山的神，难道还不如林放吗？岂有不知道礼的根本?!

换句话说：如果泰山有神，那个神是不会受贿的，岂肯因为你的非礼去祭祀他，他就降福给你！一个泥土堆成的泰山，它本来就不知不觉，无须你去祭它。偏有一个季氏，一定想去祭它。一个本无所求，一个要去求祭，这种事有什么关系？可是孔子一定要把它当一回大事，发出无穷的感叹！是为的什么呢？他既不为泰山，也不为季氏，更不是为了祭祀，叹只叹文化精神的衰落，社会的风气愈来愈坏了，所以他为之感慨无穷。由这里，我们可以了解儒家的精神，可以明

白宗教的信仰和迷信的拜神，究竟的价值如何
了。此中有深意，欲辩已忘言，唯在学者的好学
博闻、慎思明辨了。

在这里，忽然又加入两则孔子说礼的应用和
礼的根本精神，说明礼和人类社会文明的基本。

礼的应用

> 子曰：君子无所争，必也射乎！揖让而
> 升，下而饮，其争也君子。

这是说，在君子的境界和胸襟里，根本就没
有斗争的必然性存在。即使像射击比试吧，本来
是一件争强好胜的事，可是在比试的规矩上，还
一定要彼此互相行礼，然后才登场比试。等到比
试完了呢？胜负的双方，彼此都要放弃胜负的观
念，人还是人，朋友还是朋友，双方又互相饮酒
一杯，以释前嫌。这种规矩和精神，是说明人的
文化社会，即使如争斗一类的事，结果仍须彼此
保留君子的风度。换句话说，这便是人性善良的
表现，所以世界人类，在战争的先后，都自然而
然形成一种公法，例如战胜者对于俘虏的优待，

以及战犯的定刑，都必须要有一合理的审判。这便是人类的文明，是人性发出礼的应用和表示。

孔子说了一则关于斗争时礼的精神，却引出了子夏的一则反问，也显见他们师弟之间讲学论道轻松的作风。

> 子夏问曰：巧笑倩兮，美目盼兮，素以为绚兮。何谓也？子曰：绘事后素。曰：礼后乎？子曰：起予者商也，始可与言《诗》已矣。

子夏听了孔子虎虎有生气地讲论礼的精神，他便很轻松地引用几句香艳的古诗来问说，那诗上的意思，已经说巧笑便很好了，而在巧笑中，还要加点"倩兮"。"倩"，便是若有情、若无情的撒娇神态。说"美目"已经很好了，而在美目之间，还要加点"盼兮"。"盼"，是以目传情的注视。"素以为绚兮"呢？"素"，本来是一点没有经过点染的白净底子。"绚"呢？便是加上去的多彩多姿的绚烂花色。子夏问，这三句连起来的诗，是什么意思呢？孔子说，这是说，有了这些多彩多姿的表示，才显出洁白素净的平淡可贵了。子夏听了孔子的解释，便由这个譬喻来推理，就说，那么，礼的基本精神的境界，难道反而在人为的生活礼仪之后吗？换句话说，礼的应用所产生的礼仪和礼貌，都是后天人为的规范；而礼的先天根本精神，只是如天地之心那样无思无为，是简朴的、清洁的。

如果照孔子解释这几句诗的次序含义来说，因为人为的多彩多姿，才显出先天的素净洁白，那在理论上说，礼的精神应该在生活的作用之后了。所以孔子听了，便叫着子夏的名字说，商啊！你这样一提起，确实启发了我的思想，你这才真正有了可以谈诗的意境，懂得诗的作用了。孔子究竟说错次序没有，那是另一问题。子夏听了他老师的说法，的确懂得了另一问题，这是事实。孔子奖励他，说他启发了老师的思想，这正是孔子伟大的地方，显现了教学相长的一番风格。这也就是礼的一种运用，使人与人之间轻松而和谐。

这一则之后，接着记载一则讨论历史文化的文章。全篇至此，又嵌入另一问题，以显示历史文化的重要性。

> 子曰：夏礼，吾能言之，杞不足征也。
> 殷礼，吾能言之，宋不足征也。文献不足故
> 也，足，则吾能征之矣。

这一则当中，涉及孔子对历史文化研究的看法，以及治学注重考据和对考证的态度。他说，关于夏禹时代的礼乐文化，我是能够讲的。至于当时列国中的杞国，虽然是夏代的后裔，但是他们已经缺乏夏代的文化实质精神了，所以就没法从杞国的文化里，再进一步求得足以征信的证明。殷汤时代的礼乐文化，我也是能够讲的，当时列国中的宋国，虽然是殷代的后裔，但是他们也已经缺乏殷代的文化实质精神了，所以我也没有办法从宋国的文化里，进一步求得足以征信的证明。为什么呢？因为足以征信的文献资料，已经不足以考据了；如果文献资料充足，当然可以征信。

我们读了孔子这段话，对于他治学态度的严谨和注重考证，而且又提出对考证方法和资料的重视，足可使我们瞿然深省。试想，他在周朝末

期的春秋之世，距离上古的夏、殷时代，在时间上，比我们现代已经接近了好多。可是他对于上古和夏、殷时代的文化，还认为不敢遽下断语，何况远在数千年后的我们？跟着近代少数外国人有意无意的恶意看法，对祖宗历史文化乱下鄙弃的断语，这未免太狂妄了吧！

再说，杞国和宋国，虽然是夏殷的后裔，可是经过时间的变迁和洗刷，已习惯于周代的文化了，并且，他们的文献缺乏，虽然有些断简残篇，哪里能作为考证的征信呢？试想，我们个人数十年的经历，被时间空间所洗刷，有时候自己都弄不清自己，何况仅凭一点点死人的骨头，就坚决地说古代是如何若何，而且干脆就想推倒历史传统文化，这是何其轻率的态度！人就是人，人到底与物质是两样的。所以孔子自己说治学的态度，宁可信而好古，多闻阙疑，慎言其余的了。

接着下来的，说到礼的精神，涉及祭祀和后世的宗教问题。

祭祀的道理

子曰：禘自既灌而往者，吾不欲观
之矣。

或问禘之说。子曰：不知也。知其说者
之于天下也，其如示诸斯乎？指其掌。

"禘"，是古代郊外祀天和祭神的大礼。
"灌"，是在举行禘礼的阶段，用酒奉献神祇，灌
之于地，以祀神灵的降临。这种祭礼，应该是以
极诚敬的心情来举行的。可是后来的人们，却只
有祭祀的外表仪式，已经渐渐没有诚敬的精神
了。所以孔子说，当他们灌酒以后，根本像是在
开玩笑似的，我实在不想再看下去了。

可是另有一个人，就问为什么会有禘的礼
呢？孔子说，我不知道，如果有人知道的话，那
么，这个人对于天下的人事和物理的了解，就犹
如看自己的手掌那样，了然明白了。他说这话的
时候，还指着自己的手掌，加以说明。

我们读了这一则话，试想，孔子是真的知
道，或真的不知道禘礼的道理呢？如果他真不知

道，何以还说出下面一段话，等于是说，犹如掌中观纹一样的明白呢？如果他真的知道，为什么又不肯说呢？因为这个问题，牵涉到天人之际的学问。人天之间究竟如何？以人们的知识，到底还是一个大谜。他只想尽其努力地教化，完成一个人的历程，所谓"尽人之性，尽物之性，天道在其中矣"。他绝不愿意把人再向神秘或玄秘方面去引导。这就是孔子所以为孔子，也可以说，他是要人做到完人，自然就通于天神之际了，所以他始终不说。而且人天之间，本来是极高明而又道中庸的，非常明白而平实。

可是，人们既不能自知，又不能自信，所以他只有以指指掌，要你反身而诚，道理便在其中了。这是孔子的机锋，也可以说，他是用一种幽默轻松的教导方法，说明礼的学问。因此，他又退而言其次，讲到祭祀的态度。

> 祭如在，祭神如神在。子曰：吾不与祭，如不祭。

他说，无论举行哪种祭祀，既要诚心去祭，还要诚心想着受我所祭的对象活生生地在我眼前

才对。所以你如果要祭神，就要诚心想着受祭的
神，犹如在你的心目之前才对。

他又说，当你在祭祀的时候，如果自己不亲
自参加，那等于没有诚意，和不祭一样。可是这
一句话，如果与下文连接起来讲，当然是另有一
种意思，那是什么呢？也可以说，孔子是不肯轻
易亲自参加祭祀的，所以他说自己也不轻易言
祭。这由下文的一则，便可看出孔子的宗旨了。

祭祀不求福

> 王孙贾问曰：与其媚于奥，宁媚于灶。
> 何谓也？子曰：不然。获罪于天，无所
> 祷也。

王孙贾，是当时卫国权臣。"奥"，是神秘的
意思，相传是指历来民间供奉在屋内西南角的
神；"灶"，是指民间供奉的灶神。有人说，这是
王孙贾与孔子机锋相对的双关语。因为王孙贾知
道孔子想见用于卫国，所以他才说，你与其想求
高高在上的奥神，还不如求灶神好了。灶神，
就是譬喻他自己。这种说法，也很可能，但是还

是推想。孔门弟子记载《论语》，把这一则放在专讲礼乐的《八佾》篇中，也可以推想得到，这是王孙贾的正面问话，并非另有作用的双关语。他问孔子，一般习惯相传，与其祭祀奥神，求他降福，不如求灶神，更为有效。他问，这是什么道理呢？孔子说，不然！不然！一个人如果自己有罪行，就等于得罪上天了，祈祷哪里可以得到神的降福呢？这里的天，并非指有形的上天或天神，它是传统文化中，用以代表理性的天，所谓第一义的天。

由此可以了解，传统儒家的文化思想，以及孔门为学的精神，虽然极力维护传统文化的礼乐，甚至保持礼乐中敬事以诚的祭祀，可是它并不是一种宗教信仰和宗教仪式，而是人天之间心性精诚的沟通。如果你把祭祀当作洗刷罪恶的方法，或者祈祷神灵的降福，那就是大大的错误。孔子说，一个人如果有了罪恶，无论你向哪个神祈祷，都没有用。聪明正直之谓神，拜神祈祷如果可以赎罪，那神便是徇私舞弊，是不正直之尤者。人如果有罪，只有改过修德以俟天，忏悔过去的恶，修未来的善果以回天才对。所以汉文帝在《增祀无祈诏》中说："昔先王远施不求其报，望祀不祈其福。"

讲到祭祀和祈祷，孔子对历史文化的演革，特别提出一个看法和态度。在孔子以前的时代，由于夏、商两朝的文化，一直传承演变，才产生周朝的文明。周朝的文物制度、衣冠礼俗，也都由夏、殷朝的得失而来。夏代的文化精神尚忠，商代的文化尚鬼。所谓尚鬼，是比较偏于哲学的神秘和宗教的迷信。神秘与迷信的结果，使得祭祀与祈祷的风气，就愈形褊仄了，所以孔子在讲到媚于奥和媚于灶的问题以后，又进一步地推崇人本位的人文思想。

> 子曰：周监于二代，郁郁乎文哉！吾从周。

他说，周朝的文化风气是有鉴于夏、商两代的得失，参酌时宜而加以改革的文化。与前两代比较起来，的确文明得多，而且是郁郁然有茂盛向荣的气势。所以他说，文化方面我是跟从周朝的。这也就是无形中，孔子辟驳了宗教式的崇拜鬼神。

下面跟着几则，是有关孔子对礼仪的道理，以及风俗礼节的问题。

礼乐的精神

> 子入太庙，每事问。或曰：孰谓鄹人之子知礼乎？入太庙，每事问。子闻之曰：是礼也！

太庙，是国君祀祖的宗庙。"鄹"，是鲁国的地名，也就是孔子的出生地。有一次，孔子进入太庙去助祭，他每逢一事，都要问个清楚。有一个人说，谁说这个鄹人叔梁纥的儿子是知道礼的呢？你看嘛！他入太庙，样样事都要问别人，这还是懂礼的人吗？后来孔子听到了这种话，他就说，每事要问清楚，这就是礼仪啊！你要知道，一个懂得礼仪的人，最怕在礼貌上失态。当我们到一个陌生地方，或者到一个不同文化思想的国度做客，你只要记住孔子入太庙每事问，就可免去失礼的过错。无论外交上，或任何国际往返上，真正懂得国际礼节的人，对于不清楚的事情，知道谦虚多问，就是最完善的礼貌和榜样。
你如不信，可以向对国际礼节有研究的人请教。

> 子曰：射不主皮，为力不同科，古之
> 道也。

以射击比赛的规矩礼貌来说，向来就认为主
要的决赛，是不以箭头是否射穿靶皮为标准的。
为什么呢？因为射击比赛的主要目的，是以准确
射中靶心为目标，能不能穿透皮靶，要看各人的
力气大小，不是重点。这是孔子讲射击比赛规矩
礼貌的问题。孔门弟子把它跟着放在"入太庙，
每事问"之后，如果与上文连接起来，就很有意
思了。这等于说，任何一种礼仪，最主要的重
心，也像射击的规矩一样，只要你进退周旋、态
度举动和言语，处处准合于绳墨规则，就是主要
的礼貌。至于细节上的皮毛有没有透彻，与各人
的生平习惯和学养有关，各有不同，不能一概
而论。

因此在这里，便插入一节礼乐政治的精神，
以显示王道礼乐政治的重要。

> 子贡欲去告朔之饩羊。子曰：赐也！尔

爱其羊，我爱其礼。

"告朔"，是古代君主的一种礼仪，就是每逢初一，就要向祖宗太庙举行告朔。等于对祖宗朝夕问安一样，同时，也有把自己上月所作为的事，虔诚禀告祖宗，做一深切的反省和检讨。并且在这告朔的大礼中，当众听取民意建言，当作为政的参考。在这种祭礼当中，照例要供奉一只饩羊。饩羊，就是把羊蒸过，但是不蒸太熟。

在孔子的时候，鲁国国君已经很久不举行告朔的礼了，可是到了那天，还是照常奉献饩羊。所以子贡要想省掉一只羊，不再献奉了。孔子知道了，便叫子贡的名字说，赐啊！你是为了爱惜一只羊，用心固然很好，不过，我是爱护这种礼的精神；如果你连一只羊也省掉了，这种精神，也就跟着消失了。在这一则话以后，又跟着记载孔子另一则话。

子曰：事君尽礼，人以为谄也。

这句话的原意是说，一个做臣子的，对于服事人君，处处尽礼尽心，有时候反使别人觉得你是太过于谄媚了。这一则话，接在子贡欲省去告朔之饩羊以后，也可以说，是他影射告诫子贡，鲁国的国君，他已经失礼，甚至无心举行告朔之礼了，而你还要把告朔的饩羊也干脆地省去。固然主要的错处不在你，可是你却有阿君所好的嫌疑。虽然你认为事君尽心尽礼，但是不了解内容的人看了，反会以为你在拍马屁呢。

全篇到此，下文一则，忽然转入鲁定公问孔子有关君臣共事的政术，孔子便答他以礼待人的两句话。从表面看来，是无关大义，实际上，这是最高的领袖之学。你如把他当作最高的政术来看，也未尝不可。只要你能做到，虽然不即近于道，也就不远了。

礼贤下士

> 定公问：君使臣，臣事君，如之何？孔子对曰：君使臣以礼，臣事君以忠。

大家都知道，我们传统历史上，对于一位高明贤良领袖的要求和评语，常常有礼贤下士四个字。这四个字，粗看起来，好像是一种标语，没有什么了不起的道理。其实，它的内容学术，太深、太妙，也太难做到。你要知道，真正中国儒家的贤者，也可以说是真有传统文化精神的读书人，虽然有学问、有抱负，但是他不一定要出山服事人君去做官的，只要你多读《高士传》和历史，便知道这种精神。他们讲究的是士大夫的立身出处，决不肯轻易马虎的；他们既不愿被名位贵显所束缚，更不愿为财利而奔走。你想，普通人除了名与利以外，还会为什么？而这些高士们，既不求名利，就无法可以范围他们了。可是也有例外的，就是当领袖的人以礼下之。所谓下之，便是恭敬尊重他，以师礼事他，他们就拉不起高士的面孔了。

张良教吕后请商山四皓来，便把太子定了，那就是礼贤下士，使汉高祖看了又羡慕又惊异。唐太宗与清朝的康熙皇帝，都深深懂得中国文化精神的这个作用，所以清朝入关康熙便开了博学鸿词科，甚至格外去请明末遗老出山任事。就此一着，便使天下英雄，尽入其彀中了。所以孔子答鲁定公问话说："君使臣以礼，臣事君以忠"，便是这个道理了。不过，天下的道理是一定的，运用是活的，我们历史上，也有不少的知识分子，利用它作为功名的捷径，洋洋得意以自命清高的。同时，也真有些高士，他连以礼下之也不愿出仕，逃名不知所终的。所以陆放翁的诗说：

> 志士山栖恨不深　人知已是负初心
>
> 不须更说严光辈　直自巢由错到今

这就是中国文化的精神，中华民族的特性。究竟是为了什么？绝不是一般外国人所想得通的。

既讲到礼，连带也要讲到乐，因为礼俗和民间社会的乐，就是一个时代的风气文化精神的象征。孔子删《诗》、《书》，定《礼》、《乐》。《诗经》开首第一章，就以《关雎》为首。《关雎》，是一首男女爱慕的抒情诗，也就是人生基本问题的开始。那是周代文化精神的象征，男女礼俗的代表作。孔子为什么如此推崇它呢？因为他认为，那时其他国家的社会风气，不是奢靡淫荡，便是乱七八糟，只有这一首诗的内容，是得人性性情的正理，所以他一再地推崇它。

> 子曰：《关雎》，乐而不淫，哀而不伤。

哀与乐，本来是人性表现情感的两种相反境界，遇喜爱就生乐，遇忧患便哀思，这也是人之常情。不过其中全靠礼来中和它，否则，乐之太过，就变成淫，淫，就是荡溢的意思；哀之太过，就变成伤，伤，就是悲痛过度的情景。所以乐与哀太过，便造成疯狂或狂热的情绪。这样久之成风，无形中，便造成个人心理的变态，甚至，造成社会心理的变态。

讲到风俗，又引出一则故事来了。

精神象征的兴衰

哀公问社于宰我。宰我对曰：夏后氏以松，殷人以柏，周人以栗。曰：使民战栗。子闻之曰：成事不说，遂事不谏，既往不咎。

宰我名予，是孔门弟子。"社"，是古代传统文化中，代表以农立国的民族精神象征，也是祀奉皇天后土的标记。鲁哀公问到宰我，关于立社种树的沿革和意义。宰我说，夏禹时代，立社种树，是以松为标记；殷商时代，是以柏为标记；

到了周代，便改种栗树了。"栗"，则含有战栗的意味，"战栗"，有使人恐惧的意思。孔子听到了宰我的答复，便说，已经做成的事，就不去说它，已经做过的事，就不需谏它，事已经过去了，就不必责备了。

这个立社种树的事，本来只是古代传统文化的一种精神象征，例如现在的什么纪念碑，什么国徽的标记。在过去国家首都的所在地，立有社稷坛，简称便是社。社上种的什么树，也等于现代人说的，以哪种花为国花，以哪种图案为精神的标记。虽然那是一些无关紧要的抽象事物，可是有时候，却很恰当的，变成一种预兆式的预言了。于是一种象征性的风气，慢慢地便会形成风俗，风吹草偃，结果会使整个社会被一股无形的风气吹变了形态。宰我对哀公的回话，是赞成夏、殷人的以松柏为精神标记，那是坚劲而朴实、高洁而悠久的。他对周代以栗为社树，言下之意，是很不以为然的。可是他说的话，被他的老师孔子知道了，孔子便说，这是已成的事实了，说了也没有用，就不必去追责它了。

其实，这些区区标记本不足道，可是它却代表了精神抽象的兴衰，这就很微妙了。此所谓察其机先，见因便知其果，结果一点都没有错，你看那国际性的几个宗教标记，就可推想而知其次第了。

佛教的莲花和卍字，是代表出污泥而不染，有入世而出世、光照十方的意思。天主教和基督教的十字和圣诞树，已经成了全世界最时髦的礼物。伊斯兰教的星月交辉和"亚"字，自然变成亚洲的天方之光。物岂有灵，因人而灵，你能小视这些区区的象征吗？北极凛冽的寒风，是破坏所有物质的力量。只有一种无形的堡垒，文化的光芒，却是永远斫不倒也割不断的。

讲到了风气，凡是有先见之明的人看来，生当衰世，就不免有时代的处处隐忧了。当孔子的时代，周朝王室已经无法安定天下，列国诸侯互相战伐，天下之乱，乱得像今日世界上，国际纷争的局面一样。在孔子之前，齐国出了一个管仲，长于政治的天才和治术。他辅佐齐桓公，一匡天下，称霸诸侯，使局面得到暂时的安定。所

以孔子是很称赞他的。不过,孔子著《春秋》,
对于天下的兴亡和文化风气的盛衰责任,一向是
责备贤者的努力与否。他固然很称赞管仲,但很
遗憾的,他认为管仲只知道治术,却不知道王者
的大道。所以对他许多行事,就有了批评。总
之,他认为管仲有政治的天才和治术,只是器度
不大,所立的目标太小。而且最可惜的,是他没
有留意自己的作为,由于他开了慕虚荣、讲派头
的坏风气,所以深为他叹惜,也作为对后人的
警惕。

管仲不知礼

子曰:管仲之器小哉!或曰:管仲俭
乎?曰:管氏有三归,官事不摄,焉得俭?
然则管仲知礼乎?曰:邦君树塞门,管氏亦
树塞门。邦君为两君之好,有反坫,管氏亦
有反坫。管氏而知礼,孰不知礼?

"三归",据说是用三姓的妇女为家人,家里
筑了三个游玩的台子,叫三归。"官事不摄",是
说对公家的事,不太讲究统筹办理,而且有浪费

的意思。"塞门",是国君宫殿门口遮挡视线的一种建筑。他说管仲的私家,也仿照宫殿,有了塞门。"反坫",是国君为了外交上的和气,招待国宾,为国宴而用极华丽的台子,但管仲家里也俨然仿照起来了。所以孔子很遗憾地责备管仲,不应该开风气之先,因此而说他不知礼了。

不错,以一个政治家来讲,真正对国家天下有功劳,这些区区个人享受,何必苛求!不过,孔子责备管仲,是爱惜和遗憾管仲,只知图霸业,而不能进而平天下,行王道。孔子讲他小器,是感叹他不能转变齐桓公的思想,振作当时的风气,所以认为他缺乏魄力,并非他不了解管仲之所以为管仲,以及他的处境。试想,齐桓公的为人,其目的,也只是安富贵,尊爵位,称霸诸侯,已经踌躇满志了。他并无什么学养和认识,去讲什么平天下的王道。管仲既然扶助他一匡天下,九合诸侯,他的目的和威风,都已达到了顶点。至于他玩玩女人和小人,讲究吃,讲究享受,是什么人帮助他得到的呢?那便是管仲。管仲老了,他也深知齐桓公的为人,如果他也不玩玩，学起踌躇满志的样子，齐桓公不猜忌他才怪呢！所以他就照样地奢华浪费起来了。政治家的权术原是如此，孔子可惜他不做圣人，自然就感慨无穷了。

汉高祖在外与楚霸王战争不已，萧何在内替他整理政治，权倾朝野，汉高祖自然就疑心他。萧何的门客叫他赶快侵占一些民产，多弄一些不法的财产，自然有人告到汉高祖那里。于是刘邦放心了，知道他无大志，反而称赞他了，这也是末世政治家唱戏的好榜样。孔子希望管仲的不止如此，而是要他讲礼乐仁义，推行王道，这就未免太过于寄望于管仲。管仲能否做到呢？或是做不到呢？你只要多研究《管子》一书，就可明白了。孔子到底是圣人，管仲到底是政治家，这两个界限，由此分野，而看到两个角度的不同。

这是《八佾》一篇中礼的应用的结论，周代文化精神的礼俗风气，到此而衰。以后秦、汉兴起，王道也始终不复，于是传统文化精神的一环，就形成儒家的思想了，历史由此陷入于一道关隘。

全篇到此便转了问题，以下几则，都是所讲礼乐的余音了。

音乐的文化精神

> 子语鲁大师乐，曰：乐其可知也。始作，翕如也。从之纯如也，皦如也，绎如也。以成。

我们古代的传统文化思想，主要的精神，是在礼与乐之中。礼的体用，已经在上面说了很多，乐呢？比较少些。孔子对于乐的修养是相当高明的，而且他认为，乐是文化思想精神的表现。过于狂欢的音乐，便是淫荡风气的表示；过于沉痛哀思的音乐，便是悲伤的先声。所谓亡国之音哀而思，那是事所必至、理有固然的。至于郑、卫的风气，是习于靡靡之音，那只是一种衰败颓丧的情调而已，都是孔子所不取的。

所以他在这里便向鲁国执掌司乐的乐官大师乐说，你对于音乐意境的原则，当然是知道的。开始的时候，"翕如也"，好像是天幕的开张，阳光照射到大地。跟着是"纯如也"，好像陶融在春光明媚的大自然里，使情绪都纯化为祥和。同时"皦如也"，好像身在清朗的天宇里。并且"绎如也"，是要保持这种情绪和境界永恒地存在。如果有这样的音乐境界，那便是成功的作品了。当然喽！并不是说一切的音乐都要如此，大体为民族国家精神的代表作，总须不要离开原则太远。刚刚讲到音乐，下文便引出将孔子譬喻为木铎的一则话，点出历史传统文化的精神是永远不会亡的。

> 仪封人请见，曰：君子之至于斯也，吾未尝不得见也。从者见之。出曰：二三子，何患于丧乎？天下之无道也久矣，天将以夫子为木铎。

"仪"，据说是卫国的一个地名。"封人"，据说是一个管封疆的职位，等于现代管地政的人员。合起来讲，也可以说是司封疆之职的一个人。这个人，虽然不出名，可是他是一个有心人。有一天，他要见见孔子，他告诉孔门的弟子们说，凡是有学问的大君子来此，随便哪一位，我都见过了。所以跟随孔子的弟子们就引他去见孔子。

他与孔子见面了，说了些什么不知道。他出来以后，便向孔门的弟子们说，你们几位啊！不必再担心历史传统文化会亡了，天下无道太久了，上天有意生了孔子这么一个人，这是天意要你们老师来做木铎的。"木铎"，据说是金口木舌，是古代施政时用来通知警告大众的。等于现在的钟或铃子，是用来唤起人们心灵清醒的东西。这一则话，不插在《乡党》篇或别的篇中，唯独放在《八佾》篇中，那是什么原因呢？因为这里是专讲传统文化精神的。可是这个木铎，已经敲得太久了，太旧了，别人把它当作古董看了，谁又相信它是永远常新、万古永在呢？

最后，引用孔子两则讲礼和乐的话，作为全篇宗旨的结论。

> 子谓《韶》：尽美矣，又尽善也。谓《武》：尽美矣，未尽善也。

《韶》，是舜的时代所作的乐；《武》，是周武王时代所作的乐。孔子对这两种音乐提出批评意见，他认为韶乐的确是尽美尽善的音乐，代表了太平盛世，是象征"日出而作，日入而息"境界的真善美作品。武乐虽然也极美，但是到底有着"吊民伐暴"，和歌颂英雄事迹的意味，因此多多少少有着政术的色彩，不能达到至善的境界。这无疑是他借题发挥，批评自周武王以后的文化政治精神，都比三代以上先王之治差得远了。舜以大孝的至德，以耕于畎亩的在野之身，被尧所赏识，再三礼让而有天下，所以他自始至终都是实行传统文化的王道。周武王奉文王以伐纣，虽取无道之君而有天下，在理上无亏，在礼上就不同了。好在他逆取而顺守，一代文化政治，足垂后世千秋的法则。结果，他也因后代子孙的无道，列国诸侯又纷纷起而取之了。

下文一则，就引出孔子当时对礼乐的观感，对礼仪的应用和对风气的感叹，作为全篇的结论，恰恰与开始的八佾舞于庭，首尾呼应，互相对照了。

子曰：居上不宽，为礼不敬，临丧不哀，吾何以观之哉！

他说当时的风气，已经没有礼乐可讲了，在

上位的人，不讲宽厚的德行，只讲治术。对于礼呢？只有表面文章，没有真正诚心以敬其事，无论面临个人的丧事，或面对国破家亡的丧乱，根本就没有一种由衷的悲哀心情。他说，这样的情形，我还有什么可看的呢？

里仁第四

子曰：里仁为美。择不处仁，焉得知？

子曰：不仁者不可以久处约，不可以长处乐。仁者安仁；知者利仁。

子曰：唯仁者，能好人，能恶人。

子曰：苟志于仁矣，无恶也。

子曰：富与贵，是人之所欲也，不以其道得之，不处也。贫与贱，是人之所恶也，不以其道得之，不去也。君子去仁，恶乎成名？君子无终食之间违仁。造次必于是，颠沛必于是。

子曰：我未见好仁者，恶不仁者。好仁者，无以尚之；恶不仁者，其为仁矣，不使不仁者加乎其身。有能一日用其力于仁矣乎？我未见力不足者。盖有之矣，我未之见也。

子曰：人之过也，各于其党。观过，斯知仁也。

子曰：朝闻道，夕死可矣！

子曰：士志于道，而耻恶衣恶食者，未足与议也！

子曰：君子之于天下也，无适也，无莫也，义之与比。

子曰：君子怀德，小人怀土。君子怀刑，小人怀惠。

子曰：放于利而行，多怨。

子曰：能以礼让为国乎，何有？不能以礼让为国，如礼何？

子曰：不患无位，患所以立。不患莫己知，求为可知也。

子曰：参乎！吾道一以贯之。曾子曰：唯。子出，门人问曰：何谓也？曾子曰：夫子之道，忠恕而已矣！

子曰：君子喻于义，小人喻于利。

子曰：见贤思齐焉，见不贤而内自省也。

子曰：事父母几谏，见志不从，又敬不违，劳而不怨。

子曰：父母在，不远游；游必有方。

子曰：三年无改于父之道，可谓孝矣。

子曰：父母之年，不可不知也；一则以喜，一则以惧。

子曰：古者言之不出，耻躬之不逮也。

子曰：以约失之者鲜矣！

子曰：君子欲讷于言，而敏于行。

子曰：德不孤，必有邻。

子游曰：事君数，斯辱矣。朋友数，斯疏矣。

前言

《论语》一书，由《学而》开始，首先讲述孔门为学问的精神和宗旨。跟着便讲《为政》，点出学问的致用，再以《八佾》为孔门维护文化的目的，《里仁》则为孔门学问的极致。我们都知道代表儒家传统精神的孔子和孟子，是以仁义为学问的中心。孔子特别注重于仁，孟子特别发扬于义。什么叫作仁呢？几千年来的大儒，各种解释，纷纭莫定，至今犹难确定其界说。举其荦荦大者来说，依汉儒训诂释义的意思，仁字从人、从二，大意是指人与人之间相处的学问。所以到了唐代，出了一个古文文章的宗师韩愈，他自谓继孔孟的绝学，作了一篇《原道》的大文章，说出"博爱之谓仁"。于是后世言仁，大多宗奉他的意思来解释了。

宋代苏东坡赞叹韩愈说："文起八代之衰，道济天下之溺。""匹夫而为百世师，一言而为天下法。"简直把韩愈的道德文章，比拟为孔子了。其实，韩昌黎的学问，究竟是否纯儒，大是一个问题，我们姑且不去讨论他。至于他的成功且享大名，除了他的文章写得好，当时极力提倡恢复古文，以革新六朝以来的文运以外，他能特别享有千古盛名的，就是上书《谏迎佛骨表》的一件事。但他也因此而遭贬，因遭贬而享更大的名望。等于现代人写文章、闹运动、大骂打倒孔家店而成名的，都是同一幸运。这种是非得失，我们也不去管他，至于他说的"博爱之谓仁"，却与孔门相传的学问心法有所出入了。

我们都知道孔门的弟子中，孔子独许颜渊以知仁，他在《论语·述而》篇中说："仁远乎哉？我欲仁，斯仁至矣。"那岂是博爱的作用？如果是"博爱之谓仁"，那就等于说，苟欲仁时，博爱就来了吗？而且孔子为什么又说"克己复礼为仁"，"一日克己复礼，天下归仁焉"呢？他为什么又告诉颜渊仁的纲目，是"非礼勿视，非礼勿听，非礼勿言，非礼勿动"呢？由此可见仁的境界，孔子已经明明白白地指出来了。所以他说颜渊"其心三月不违仁，其余则日月至焉而已矣"了。当然仁发为作用的时候，自然也就会爱人以德，《易传》曰："安土敦乎仁，故能爱。"可是却不能硬说爱人便是仁的极致，否则，和孔门的传习就有许多梗隔不通了。

到了宋代的儒家，有理学家们的兴起。他们也说，为了继孔孟以后的心法，对于仁的解释，又是另外做注解的。有的是拿中国古代医书上的话来做反证，说麻木谓之不仁，所以仁便是心性

灵明不昧的境界。又说，如果核之有仁，所以仁
便是心性的中心，中心就是中和，也就是中庸之
为德。如果我们根据上面简述的两种解释来说，
果核之仁，都是两瓣相合，中心是空洞无物的，
两瓣如阴阳的二合，所以人能效法天地间阴阳的
和易调顺，中心空荡荡的，寂然不动，灵明不
昧，那便是仁的境界了。这些道理，的确很高
明，也有相当的理由，其实这种说法，由于已经
融合了佛家、道家，才能画出仁的一个面目。所
以理学家们专长此道而发展之，就成为心性玄奥
的微言了。

　　我们说了许多，既然知道孔门学问中心的极
致的确是一个"仁"字，那仁又究竟是如何的境
界呢？这就要好好研究《里仁》一篇了。所以我
说此篇是由《学而》第一层层剖出的中心。仁是
有体有用的，心性的静相是仁的体，所谓"寂然
不动"，必须于静中养出端倪的便是。而思想言
行是仁的用，所谓"感而遂通"，必须于行事之
间，具有一片孝弟忠诚仁爱之心的便是。

　　那么，你就可以看出如汉、唐诸大儒的讲

仁，大体是偏重致用于行为之间；宋、明诸大儒的讲仁，大体是偏重于心性修养之道，殊途同归，是非一致。以后能明体而达用，建大功，立大业，己立而立人，己达而达人，措天下于衽席之安者，只有以极大的愿望，寄予后起之秀了。

什么是仁

《里仁》的"里"字，但从文字的解释，里就是道理、村里的意思。历来儒者们的解释，里便是居处的地方。

> 子曰：里仁为美。择不处仁，焉得知？

有的解说是，选择居住的地方，一定要选择一个仁里而住，否则，就是无智慧的人。如果的确只是这个意思，那么，孔子也只是一个专拣好环境住的人了，何以他在感叹世道人心之余，就要去居九夷，又要乘桴浮于海呢？九夷岂是仁里？海外便是仁乡吗？那就难怪当国家遭遇衰微危难之时，只有出国的一途了。

里当然是居的意义，换言之，那是说，长住在仁的境界里，才是学问的真善和至美啊！所谓学问，就是先要择善固执而从，要达到仁的极致才对。因此他说，你如不能择善固执，达不到仁的境界，那便是不智，也就是没有真智慧。

所以这一则话当中的"里"与"处"两个字，就有士君子立身出处的意思存在。里仁，便是立身要随时随地在仁的境界中；处仁，便是出处和处世，也要随时随地在仁的境界中才对。如果做学问修养的工夫，不能择善固执，达不到至善至美的仁的境界，那对学问，就可以说没有真知灼见了，所以下面跟着便提出：

子曰：不仁者不可以久处约，不可以长处乐。仁者安仁；知者利仁。

这就是指出，唯有学问修养到达常在仁的境界，才能长久自处在约、乐、安、利的情况里，才可以做到随遇而安、知足常乐的地步。学养没有到仁的境界的话，是绝不可能做到的。"约"，是穷困的环境，外面处处受约束，内在也要随事俭约，包括孟子所谓贫贱不能移的贫贱之意。"乐"，是春风得意的通顺环境，包括孟子所谓富贵不能淫的富贵之意。所以只有达到仁的境界的人，才能随时随地安于其仁，也可以随时随地利用仁道而安身立命。这样，才是人生境界的真安乐、真利益，名利富贵只是身外余事耳，何足论哉！何足论哉！

例如范蠡批评越王勾践，可以共患难，不可以共安乐，就是不仁的明证。宋代名臣文天祥，当他没有起义勤王以前，出任庐陵太守的时候，沉醉在声伎歌舞之中，一旦为国勤王而起事，立刻摒除嗜好，备尝艰苦危难而不变节，这就是求仁得仁的证明。明末清初的大儒李中孚，隐居讲学于山西五台附近，贫病交迫，康熙虽然御驾亲幸山西，屡次召请，他也不肯变节出山投向，这也是求仁得仁的证明。所以说学养已到达于仁的境界，便可安住于仁而不变；如果学养没有到达仁的境界，只要知道了仁道的精神，也可以用以安身，卓然特立独行而不拔了。同时又说：

子曰：唯仁者，能好人，能恶人。

这里的"好"，读作爱好的好；"恶"，读作厌恶的恶。到此才说出学养达到仁的境界的人，才真能推己及人，而有知人之明的智慧。所以只有仁人的待人处世，在好恶之间才能够做到真实的爱人以德，并且厌恶其所以不能为德，否则，都是由于一己的私心利害，来权衡评判他人，根本没有中心的标准。然而，仁者的用心，固有好恶是非的存心，但他斤斤计较好恶于胸中吗？那所谓的仁，也就不过如此而已，何必要赞叹什么君子之仁呢？到此，便必须点出下文孔子的一则话，方才显见圣人境界的伟大处。

仁者的行径

> 子曰：苟志于仁矣，无恶也。

这句话，因为一个"恶"字可以读作名词的善恶之恶，或动词的厌恶之恶来解，所以包含两个意义。第一，是说如果一个人真能学养到了仁的境界，而且长久养志于仁道之中，对于恶人，也只有以仁而化之，根本就不会有厌恶恶人的心情。第二，为什么会做到不厌恶他人呢？因为仁人的用心，根本就无恶意，只有一片祥和之气，哪里会以他人之恶而厌恶之呢？这恰恰点出仁者待人接物的一团祥和的风格；如果只做善善恶恶的一面来看，未免会埋没圣贤的用心了。

例如宋代名儒司马光，虽恶王安石之为人，而于大节处，却不深恶痛绝之。神宗欲用王安石为相，问之司马光，他就说："人言安石奸邪，则毁之太过。但不晓事，又执拗耳！"他又写信给王安石说："谄谀之士，于公今日，诚有顺适之快。一旦失势，将必卖公自售矣。"虽王安石很不高兴，但司马光还是一味地爱护怜惜他，这也是大儒仁者用心的楷模。

由于从上文所说仁者不厌恶人的第一观念和衔接下文一则来看，再扩而充之，就可见孔子所说的仁的境界非常地渊深。那就是说，学而达成仁的境界者的用心，不但不厌恶人，而且也不厌恶现实生命过程中的生活。他说，富与贵，是人人所要求的目的，大家都想争取，但从一个仁者的用心来看，如果不合正道而取得富贵，他是绝不肯要这个富贵的。贫与贱，是人人所厌恶的，大家都想逃避，但从仁者的用心来看，如果不合正当的方法脱离，他是绝不肯轻易走出贫贱的环境的。总之，君子的儒者，即使穿衣吃饭之间，

也不肯片刻违背仁的境界；即使建功立业，也是
在仁的境界中完成的；纵然颠沛流离，也会安贫
乐道在仁的境界中的。所以提出：

> 子曰：富与贵，是人之所欲也，不以其
> 道得之，不处也。贫与贱，是人之所恶也，
> 不以其道得之，不去也。君子去仁，恶乎成
> 名？君子无终食之间违仁。造次必于是，颠
> 沛必于是。

"造次"，是忙忙碌碌、有所作为的状态；
"颠沛"，是艰难困苦的状态。到此，需将仁者待
人接物之间，不立涯岸，不固执好恶，但把养得
仁心为学问第一要义的道理，作一结论。所以五
代大儒陈图南虽然有心用世，但他感觉事不可为
之时，便作诗明志，他说：

> 十年踪迹走红尘　　回首青山入梦频
> 紫绶纵荣争及睡　　朱门虽富不如贫
> 愁闻剑戟扶危主　　闷听笙歌聒醉人
> 携取旧书归旧隐　　野花啼鸟一般春

从此他就高卧华山去了。等到宋太祖平定以
后，再来召请他，他又再三恳辞，谢表自称：

> 数行丹诏　空劳凤使衔来
> 一片闲心　已被白云留住

因此他的学问三传而到邵康节，又是一个死守善道、不肯随便出山求富贵的人。

> 子曰：我未见好仁者，恶不仁者。好仁者，无以尚之；恶不仁者，其为仁矣，不使不仁者加乎其身。有能一日用其力于仁矣乎？我未见力不足者。盖有之矣，我未之见也。

这是说，我没有看到一个真正好仁的人会厌恶一个不仁的人。你能够做到好仁，当然是了不起，好到无以复加了，可是你如果厌恶别人的不仁，那怎么能算是仁呢？倘使你会厌恶他人的不仁，那是把不仁的态度，加到别人身上去了，"己所不欲，勿施于人"，所以这当然是不可以的。于是孔子又似感叹地说，世上哪有人真肯努力追求仁的境界呢？也许有吧，可是我并没有见到过啊！由这里可以看出，孔子对仁道的难得，是如何地沉痛了。就以他的弟子们而论，他也仅得一个颜回，可以传他仁道的衣钵。其余的，对学问各有所长，各自成就了一面，但对于仁道，都还谈不上，不幸颜回又短命而亡，所以孔子就更伤心了。

讲到这里，势必要提出一个反问了，人们为什么就不能向仁道上做学问、用工夫呢？孔子的意思是说，只因为人们的思想和情志，都是偏向于党的，不能独排众议，更不能中流砥柱，只是随流俗去浮沉，更不能不怕不合时宜而能够挺拔于尘俗之中。一般的人，都是跟着时俗的朋党之流去追逐，所以就都太过于尘俗，不知不觉就过错丛生了。如果是个志心仁道的人，只要观察清楚尘俗众人的过错，便可反身而诚，在自己心地上下工夫，就会知道仁之为仁了，所以在此就插入：

> 子曰：人之过也，各于其党。观过，斯知仁也。

这里的"党"字，不能随古人的见解，作为同类结党的朋党来看。党是偏向于党的意思，既然是偏党，同类结党的意思就在其中了，何苦专指它用于朋党的党呢？如果硬要把它专指朋党来说，自己也未免太过渺小了。又何必一定说它是这个意思呢？但看它下文的一则，就知道它上文的用意，是专指人们落于偏党，而不能进于仁的境界，实在令人叹息了。

如何修养到仁

子曰：朝闻道，夕死可矣！

这是说，如果能去掉尘俗偏党的观念，而志心于仁道的学问，就是早晨听到这个道理，晚上就算死了，也可算是不虚此生了。这句话，从文字的表面看来，未免过于强调，如从身入其境的人看来，就会明白这句话真有无比的仁心厚德！因它同时在说明仁的道理，就是反身而诚，并且明得心地灵明体用的学问。如能心志不纷，常住在仁的境界中，又有什么生死可畏惧呢？生之与死，有如旦暮，"逝者如斯夫！不舍昼夜"。死生如朝暮的变化，仍然不离于仁心，又有何可畏？如果只从死生的现象上看，似乎有生灭的过程。若能从得仁心之体用来观生死，那些现象的生死往来，万变不离其宗，方知此心之体，自有其不变者存焉。它既不落在生死之中，也就不必了什么生死啦！所以《易传》说，"通乎昼夜之道而知"，知个什么呢？就是知道生死变化犹如旦暮，始终不离于仁的境界而已。

上面说了许多勉励学以致仁的话，那么，哪一种人才能从事仁道的学养呢？而且如何才算是实行仁道呢？于是就提出：

子曰：士志于道，而耻恶衣恶食者，未足与议也！

他说，讲到志心于仁道的人，有一个很好的考验，如果他要志心于仁道时，连生死都无所惧，哪里还会贪图生活的舒适和享受，讲究好的吃、好的穿呢？如果不能领略到菜根香、布衣暖的人，根本就无法和他谈什么仁的学问了。所以下文便说，凡是君子之儒，处身于天地之间，心里根本就没有坚持哪种事物舒适，哪样事物不好。仁人的用心，在可与不可之间，并不是以个人的贪欲为标准，只以义理的相宜不相宜做比较。如果是义之所在，就是火坑苦海，也要去跳，还有什么选择好衣食的余地呢？故在此就说：

> 子曰：君子之于天下也，无适也，无莫
> 也，义之与比。

那么，义之与比，大体上又比较些什么呢？

> 子曰：君子怀德，小人怀土。君子怀
> 刑，小人怀惠。

他说，如果是君子的人，他的胸襟怀抱，随时随地，只有一个如何建立德业的念头；倘是一个小人呢，他的胸臆之间，只是一个为财产利益打算的田舍翁，日夜都在计划谋求田舍。再说，君子的人，随时随地怀惧天刑；一个小人呢，他就只顾到目前利益，贪图小惠，得点好处就算了，哪管后果如何！所以：

> 子曰：放于利而行，多怨。

如果只从利益打算来做人处事，结果多招怨尤，就是自己的内心也会多生怨悔的。再说，社会上到底君子少而小人多，如果不爱人以德，只是以惠来结交，那就如俗话说的"善门难开"，结果反会多招怨尤。

所以宋代名臣王曾在朝廷进止有常，平居寡

言笑，一般人都不敢向他求私事，所以对于人的
升迁进退，谁也不得而知。范仲淹尝向他说：
"明扬士类，宰相任也。公之盛德，独少此尔！"
王曾便说："恩欲归己，怨将谁归耶？"范仲淹听
了，就深深佩服他的德行和器识。到此话头又需
一转，再说志心于学养仁道的人，假使有机会，
要他担任为国家天下的事，他绝不会高兴得忘穿
鞋子，马上就驾车去上任的。他必定衡量礼义的
轻重得失，然后还要推让其他贤能的人去做，否
则，还谈什么礼乐的教化呢？所以：

　　子曰：能以礼让为国乎，何有？不能以
礼让为国，如礼何？

　　这里所谓的礼，就是文化教养的精神，也是
孔门学问的目的，所以在这一段结论中，仍然引
用如《学而》篇中的话说。

仁的体和用

　　子曰：不患无位，患所以立。不患莫己
知，求为可知也。

　　他说，学养真能到达仁的境界的人，不怕在

社会上没有位置，应当怕自己没有建立可以贡献人群的学问。当然更不要怕没有人知道你，了解你，只要你真为学问，自然会求仁得仁，何必一定要人知道！况且你真有了学问，自然会有可知之处和可能知你的人了。

全篇到此，对于仁的体用，已经说了一个大概，画了一个轮廓，但是仁的宗旨究竟如何？还是没有说出来。其实，如果纯用文字言语来说，能够讲得出来的仁，也只是人生立身处世行为上的至真至善的美德，可以说只是仁的致用，实在没有办法把仁的道体显现出来。

那么，所谓仁的道体，也就是宋儒理学家们所讲的心性微妙之体了。说心、说性、曰仁、曰理，无非只是名词表达的不同。如果我们综合汉儒的训诂释义和宋儒的专讲义理来说，仁，从人，从二，便是人与人之间、心身性命的中心，犹如果核之有仁，灵明不昧，不是麻木不仁的。当其寂然之时，它是寂然不动的；当其致用之时，它是感而遂通的。

所以颜回三月不违仁，居于陋巷之中，只有

一箪食、一瓢饮，而犹不改其乐，正是他心身住在仁的静态里，处于寂然不动之中而别有乐趣存焉，这也就是宋儒所说的孔颜之乐了。所以孔子就大为赞赏颜回，认为孔门弟子中，只有他才得到孔门传心的道体。我们如果学以致仁，事实也并不太难，孔子已经说过："我欲仁，斯仁至矣。"只要你在动心忍性之间起心求仁的时候，便可立刻到达仁的境界了。如果要勉强去体会的话，便要学孔子告诉颜回的求仁的纲目，先能做到"非礼勿视，非礼勿听，非礼勿言，非礼勿动"，等等。先当正其心身，从外面强自打进心来，把欲望的念头去尽，就可以识它的端倪了。

曾子悟道

自从颜回死后，仁道几乎失传，幸好在孔门的弟子中有曾参其人，还可以担当起这个传承的责任。我们都知道，孔门的弟子中，颜子是最聪明的天才，他对孔子的教学是闻一而知十的人。但曾子却是一个诚笃而鲁拙的人，与颜子来比较，恰恰是一个最上乘的智慧和一个最诚笃最鲁拙的对照。求其达到仁的道体境界，唯有上智与鲁拙才能不变。如果是中人之资，听了仁道，只能若存若亡，或者下学而上达，渐渐地进修，才可以到达。因为曾子是个宁可守拙而诚恳讲求仁的道体的人，所以他用志不纷，渐渐就成熟了。

有一天，孔子看到曾参涵养纯熟了，便当他经过时，突然叫他一声，曾子回头一看，心里的疑念涣然冰消云散，活泼泼地现出一个灵明寂然的仁体来。他明白了！孔子也认为他是真明白了！便告诉他说，我这个心法的仁道啊，一以贯之；只要用志不纷，一直下去，就可以到达的。既然到达了仁的境界，以后也只要保持这个境界，就可以贯彻一切，能通天下之事了。所以曾子在明白了孔子的指示后，便答应一声说：唯。"唯"，只是一句答应的表示语，等于我们现在说的"喔"！

这一段事，当时只有孔子和曾参彼此心心相印，明明白白，不达到这种境界，谁也无法领会的。所以等到孔子离开后，其他的弟子们便争着向曾子问，刚才你和夫子的一番做作，讲的是什么道理啊？何以是"一以贯之"啊？曾子明知他们的学养还没有到达这种境界，说了也是白费，所以就以仁的致用来告诉他们说，老师所传的道理，很简单，只要你立身处世，随时随地，做到尽心为别人的忠心；待人接物，随时随地，做到宽厚待人的恕道，那就是一贯的学问了。

这一节书，看来真是笑话，明明一个忠、一个恕是一回事的两面，哪里贯得起来呢？如果在忠和恕上加个一贯，就有了三贯了，那还叫什么一以贯之呢？而且孔子告诉曾参的只是"一以贯之"的一句话，他当时哪里说过忠和恕呢？如果有，那便是曾子临机应变，硬把忠和恕贯起来了。所以就可知道孔子当时传曾参的、许可他的，正是仁的道体境界，也因此，他就成为孔门传道的唯一传人了。曾子告诉别人的，却是仁的致用，其实，并非曾子要瞒人，实在是学养能到仁的道体不是一件容易的事。他于不得已中，只好如此传布，只能在行为上面画出一个轮廓罢了。

孔学的宗旨

> 子曰：参乎！吾道一以贯之。曾子曰：
> 唯。子出，门人问曰：何谓也？曾子曰：夫
> 子之道，忠恕而已矣！

这节书最难读，但又是《里仁》全篇的中心
所在，也是孔门传心学问的宗旨所在。如果只抓
住一贯当作孔学，实在有许多地方是贯不起来
的。孔子也曾经把"一以贯之"这句话告诉过子
贡，子贡便缺少曾子回答的"唯"，所以便无下
文。你必须要下过一番工夫，身体力行，身入其
境来体会，等于实地演习一番，才能稍有领会之
处。如果不如此看，我就不知道仁是何事了。因
此，这一节话，一定要插入《里仁》的中心，才
不会误会它突兀可怪。再说，我们如果要把仁的
道理和一以贯之联接起来说个明白，最好和最妥
当的解法，还是多读书、多研究，追寻孔子传承
儒家道统以来的理论，才比较信而可征，而且不
落在后儒的窠臼里，那样就更接近、更可靠了。

这种治学的办法，就叫作以经注经。我们试

读《易经》的系传，首先可以了解孔子所讲一以贯之的道与仁是个什么情形。他说："一阴一阳之谓道，继之者善也，成之者性也，仁者见之谓之仁，知者见之谓之知，百姓日用而不知，故君子之道鲜矣。显诸仁，藏诸用，鼓万物而不与圣人同忧，盛德大业至矣哉！"至于所引用本节的内义究竟如何，只要静心研究，自然会通其理的，因为这不属于本题范围，只好留在讲《易经》的时候再说了。

为什么我肯定地说本篇是孔门传道的中心，是孔子学问的宗旨呢？只要静心读书，你就会发现它的脉络。《论语》一书，从《学而》一篇开始，许多地方都插入孔门师弟之间研究学问的对话，互相辩难。一到了本篇，统篇都是"子曰"开始，一路到底都是记载孔子的自说。虽然末后一句加入一节子游的话，只算是余波荡漾而已。只有在曾参的一节，好像是记载故事那样，忽然插入这一段机锋妙用，而且对曾参则称为曾子。可见编记的大半是曾参的门人，所以他们对这一段传心法要就特别地重视，更要尊称曾参老师为

"子"了。

根据《汉学师承记》，凡嫡传的称为弟子，
再传的便称门人。到这里，既然点出曾参承受孔
门心法的仁道，已经指明传仁道的宗旨了，以后
就无事了吗？不然！不然！须知在未见道以前，
戒慎恐惧，唯恐不及；既见道以后，还是戒慎恐
惧，唯恐不及。如果明体而不能达用，但见到一
个寂然不动的境界，还只是为学的半途。必须要
由此知，由此见，起而发于立身处世的行事之
间，才是仁的大机大用。因此以后半篇，跟着而
来的，就是孔子谆谆告诫的平常日用之间的言行
了，虽然人人都懂得，唯恐不能踏实做到，所以
便一再提醒。

重义的人　重利的人

你看他在曾子见道以后的传述，统篇都是义
利之辨，敬己敬人，尽孝修德，自立立人之道。
如说：

子曰：君子喻于义，小人喻于利。

但他告诫我们，在行为上，切实明辨一个义

利以外，为什么又要加入一个"喻"字呢？这也就是说，凡是君子之儒，处处以义为前提；倘是小人呢？便会时时以利益做标准。除此以外，另有一层意思，还是在讲仁的作用，这个仁的境界啊，它是含育天地、弥纶万类的。君子见仁，便如曾子一样，就拿忠恕之道，或以其他的礼义来做比；小人呢，就只知道学养做到了仁的境界，对于自己的心身和一切，是有无穷利益的，这种动机，其目的还是为一己的功利出发。所以在这里，就可以看出君子之儒和小人之儒，同样都是为学问而学问，可是其中却有了一个极大的分野。跟着一节是：

子曰：见贤思齐焉，见不贤而内自省也。

这是说，儒有君子之儒和小人之儒，只要你明白了其中的不同，当你见到真正贤者的君子之儒，就应当想做到和他一样，可以并驾齐驱于仁义之道。倘使你见到一个不贤的人，就应当以看到他的缺点和过错之心，当下反省自己的学养是否也同样犯了他的错误。这样，你就可以做到上不骄，也下不诏了；不会拿着一点知识当学问，或是写成文字，而且看不起别人，或羡慕别人了。

其次，讲到仁的致用，万变不离其宗，圣人是以孝道治天下，纵然你已经到达了仁的境界，还是要切切实实从孝道做起。这与《学而》一篇劈头便说"孝弟也者，其为人之本与?"是首尾相照的，所以便引用：

如何奉侍父母

> 子曰：事父母几谏，见志不从，又敬不违，劳而不怨。

这是说我们孝敬父母是当然的事，但如果发现父母的事情有错，你不去劝谏他，也就是不仁。所以应当好好地、婉转地、不断地劝谏他。父母实在不肯听从的话，就只好尊敬他，不违背他的意思，虽然自己受劳受苦，也只好受之而无怨，宁可任冤到底。如果事先不劝谏，或者任劳而有怨恨之意，那就要不得，也就是不仁了。

还有一层，"几谏"的"几"字，又通"机"

字。机者，机会也，机微也。换言之，在发现父母有可能做错的动机时，就要找机会来劝谏他才对。讲到仁者对于孝道的用心，便说：

　　　　子曰：父母在，不远游；游必有方。

　　如果父母还在世，自己绝不敢远游不归。万一非远游而不可，也要有一个方向和目的，而且还要对父母有所安排，绝不可为了享受而到外国，丢下父母不管了，那是鬼道社会的习惯，绝对自私和唯利是图的风俗，万万做不得的。如果那样做了，你到临死的时候也会后悔莫及的。

　　清代诗人黄景仁旅居北地，在途中患病颇剧，便怆然作诗说：

　　去家已过三千里　　堕地今将二十年
　　事有难言天似海　　魂如化去月如烟

　　更有"今日方知慈母忧，天涯涕泪自交流"之诗句，可见人到穷途末路时，都会想到父母。为什么不想想，你在富贵中，父母也会想念你呢？这是说对父母生前孝道的一环，倘使遇事非远出外方不可时，也要像在父母面前时一样，没有口是心非，或当面唯唯、背面否否的事。乃至

父母过世三年之久，还是和父母生前一样，始终
不变，这才够得上是孝了，才显出真性情的
伟大。

　　子曰：三年无改于父之道，可谓孝矣。

　　古人向来对这一则的解释是说，父母死后，
你在三年当中也不改父母的做法路线，这才是
孝。如果真作如此说，孔子这句话的确是有问题
的。我在《学而》篇中已经说过了，所以不必再
讨论。

　　但因此而说到仁者的用心孝道，不但只注重
父母生前的孝养，而且更要注重父母的健康，要
随时注意照应他们的衣服、饮食和医药，无论相
处一起，或出门在外，都须知道。

　　子曰：父母之年，不可不知也；一则以
喜，一则以惧。

　　这是说一个为人子女的人，对于父母的年
龄，不能不知道。一方面知道父母年高有寿，而
且还很健康，这是一件最可喜的事；一面又惧怕
父母年寿高了，一旦健康有损，医药无效，就有
抱恨终天的遗憾。孝道出于至情，大凡人在青年

和中年，对于男女夫妇和下对儿女，自然有至性流露的爱。至于上对父母的孝顺，凡是根基不厚的人，如不经过教育的提示，或许要到中年以后，人生阅历增加了，才会反省体会得到。倘是至情充沛的人，则能自少便领略到孝的重要。但人到中年，大多父母都已过世，所谓"树欲静而风不止，子欲养而亲不待"，那时才会追悔和痛恨。

我在数十年的交游中，默默观察，凡是没有丰富的至情至性的人，大多都是天性凉薄刻毒的小人。我也亲自看见几位老一辈的朋友，对父母的孝行和孝思，的确值得肃然起敬，将来我很想把他们的事特别写出来，传与后代子孙做榜样。至于现代的青年人们啊！一切倾慕西方文化，连这一点基本仅有的孝道也不存在了。有些人责备怨恨父母的心，比怨恨他的佣人还要厉害，如果能够拿出爱子女心情的一半来孝养父母，或者还报父母对子女情爱的一半，已经属于凤毛麟角了。

以上几节，由义利之辨开始，一直到重提孝

道的重要，到此为止，还是告诉我们学养达到仁道以后，仍然需从人生本位最基本的真性情中，老老实实、平平易易地做去。

其次，才说到见道以后的立身处世，与社会人群相处时敬业乐群的要点，尤其要谨谨慎慎、小心翼翼地做人。

你会做人吗

　　　　子曰：古者言之不出，耻躬之不逮也。

这是孔子举出古人的谨言慎行的好榜样，用它来告诫弟子们。他说，古人不轻易、不随便地说出一句话，因为他怕话说出去了，自己行为上有做不到的地方，那是很可耻的事。"不逮"，就是不及的意思。这是他教人言行合一的重要，但跟着又引用孔子的话说：

　　　　子曰：以约失之者鲜矣！

只要随时约束自己的心身，谨言谨行，就会很少有失言失信的过失了。这里的"约"字，是简少、管束的意思，不作俭约的约字用。所以下文便有：

子曰：君子欲讷于言，而敏于行。

这是反证上面两节和本节的连贯处，也就是说，凡学君子的儒者，宁可做到木木讷讷的，不肯轻易发言，不宣传，不说空话，不吹牛，只有敏捷地去做到，以行为来替代言论才对。这句话，也有先做后说的意思，认为行在言先的重要。

自这里以后，下面列了两节话作为本篇的结论，也作为仁者平时力学和用心的格言。

子曰：德不孤，必有邻。

这是说，只要你自己内在学养到达仁的境界，在处世致用的行为，随时随地，以培养自己的德性以俟天命，那就不惧怕世途上的孤单和寂寞，久而久之，一定会有向德慕化、千里趋风的知音来同类相聚的。这与《学而》篇中"有朋自远方来，不亦乐乎"恰恰是一对照。

本来到此已是全篇的结论，但忽又加入弟子子游的一节话，似乎是不伦不类。其实不然，子游的一则话，加在这里，正在说明行仁之道的向上一着，说明仁者爱人必须约之以礼。否则，仁则仁矣，还怕会有过犹不及的毛病了。须知仁道的学问，重在做到，不在空言。要求自己可以极其严格，对待别人不必希望太过，更不可要求别人个个都做得到，所以说：

> 子游曰：事君数，斯辱矣。朋友数，斯疏矣。

例如一个人臣，对君主希望或要求太多了，又要屡次请说，结果只有招来自取其辱的份儿。对朋友也一样，只要你要求得太多，或者过于希望他好，结果反而疏远了。大抵人情，过于亲密则反疏，疏淡则反亲。君臣、父子、兄弟、夫妇、朋友之间，能够永远和易相处得其中和之用的，实在太不容易。

由此可见，得仁道固然很难，行其仁道，尤其不易。这是人生处世的艺术，艺术的意境可以意会，不可以言传。仁哉！仁哉！不易言矣。这一节的结论，和开头的一节"里仁为美。择不处仁，焉得知？"恰恰又遥相呼应。也就是明明白白告诉你处世的艺术和经验，运用之妙，存乎其心，全仗自知智慧的抉择，不然，哪里会识得学问德业之为美呢？

公冶长第五

子谓公冶长，可妻也，虽在缧绁之中，非其罪也。以其子妻之。

子谓南容，邦有道不废；邦无道，免于刑戮。以其兄之子妻之。

子谓子贱，君子哉若人！鲁无君子者，斯焉取斯？

子贡问曰：赐也何如？子曰：女器也。曰：何器也？曰：瑚琏也。

或曰：雍也，仁而不佞。子曰：焉用佞？御人以口给，屡憎于人。不知其仁，焉用佞？

子使漆雕开仕。对曰：吾斯之未能信。子说。

子曰：道不行，乘桴浮于海，从我者其由与？子路闻之喜。子曰：由也，好勇过我，无所取材。

孟武伯问：子路仁乎？子曰：不知也。又问。子曰：由也，千乘之国，可使治其赋也；不知其仁也。求也何如？子曰：求也，千室之邑，百乘之家，可使为之宰也；不知其仁。赤也何如？子曰：赤也，束带立于朝，可使与宾客言也；不知其仁也。

子谓子贡曰：女与回也孰愈？对曰：赐也何敢望回！回也闻一以知十，赐也，闻一以知二。子曰：弗如也，吾与女弗如也。

宰予昼寝。子曰：朽木不可雕也，粪土之墙，不可杇也。于予与何诛！子曰：始吾于人也，听其言而信其行；今吾于人也，听其言而观其行。于予与改是！

子曰：吾未见刚者！或对曰：申枨。子曰：枨也欲，焉得刚。

子贡曰：我不欲人之加诸我也，吾亦欲无加诸人。子曰：赐也，非尔所及也！

子贡曰：夫子之文章，可得而闻也；夫子之言性与天道，不可得而闻也。

子路有闻，未之能行，唯恐有闻。

子贡问曰：孔文子何以谓之文也？子曰：敏而好学，不耻下问，是以谓之文也。

子谓子产，有君子之道四焉：其行己也恭，其事上也敬，其养民也惠，其使民也义。

子曰：晏平仲善与人交，久而敬之。

子曰：臧文仲居蔡，山节藻梲，何如其知也？

子张问曰：令尹子文，三仕为令尹，无喜色；三已之，无愠色。旧令尹之政，必以告新令尹。何如？子曰：忠矣。曰：仁矣乎？曰：未知，焉得仁？崔子弑齐君，陈文子有马十乘，弃而违之，至于他邦，则曰：犹吾大夫崔子也！违之，之一邦，则又曰：犹吾大夫崔子也！违之。何如？子曰：清矣。曰：仁矣乎？曰：未知，焉得仁？

季文子三思而后行。子闻之曰：再，斯可矣！

子曰：宁武子，邦有道则知；邦无道则

愚。其知可及也，其愚不可及也。

子在陈曰：归与！归与！吾党之小子狂简，斐然成章，不知所以裁之！

子曰：伯夷、叔齐，不念旧恶，怨是用希。

子曰：孰谓微生高直？或乞醯焉，乞诸其邻而与之。

子曰：巧言、令色、足恭，左丘明耻之，丘亦耻之。匿怨而友其人，左丘明耻之，丘亦耻之。

颜渊、季路侍。子曰：盍各言尔志？子路曰：愿车马、衣轻裘，与朋友共，敝之而无憾。颜渊曰：愿无伐善，无施劳。子路曰：愿闻子之志！子曰：老者安之，朋友信之，少者怀之。

子曰：已矣乎！吾未见能见其过，而内自讼者也。

子曰：十室之邑，必有忠信如丘者焉，不如丘之好学也。

前言

要研究孔子学术思想的精神，必须要研究《论语》，尤其《学而》、《为政》、《八佾》、《里仁》四篇，开宗明义，已经把孔子学术思想的系统，很有条贯地述说出来了。第五、第六两篇《公冶长》与《雍也》，就是叙说孔门弟子承受孔子学术的造诣，无论为德业或学问，各人都自有他的所长，各自显出他学养和见地的一面，以此而见孔子学术精神体用的全貌。若把二十篇《论语》合起来作一篇长文章来读，在《里仁》以后也必须有这两篇的起伏气势，同时也由此看到，孔子知人论世的态度和他们师生论学为人的平易风范。而且由此更可以窥见，当春秋战国的衰乱之世，四面八方，所有的知识分子，不是倡异说来鼓舞人心，以表现个人的才智，便是进取功名，以达成权力的欲望。只有他们这一群，尤其是孔子自己，寂寞凄惶，讲求人们所不注意争取的学问，以奠定千秋万世人类文化的基础。他们放弃了一生的尊荣，从寂寞凄凉的人生中，建立起千秋不朽的德业，自己解脱物欲的蔽塞，达到精神超越的境界。

同时我们又可从他们师弟数十人的规范中，看到如何完成一个人之所以为人的学问。由此而知，功业勋名只是一个人的外务，无论从事何种事业和作为，只要功在人间，德留天地，就是完成大丈夫立己立人之道。尽管孔子自己推崇先王和尧、舜、禹、汤、文、武、周公，可是自他本人以及他的弟子们，在政治作为上，当时都无煊赫权位，而且都不是什么高官厚禄的人。从此在历史上，事功与德业一直分途未合，这也是一个很重要而有趣的问题，因非本题范围，暂且不讲。

从本篇和《雍也》两篇来看，孔门弟子之间相互讲论学问的排列，好像毫无秩序似的，但是仔细一读，就会发现它的安排还是有规律可循的。大约是以孔子一生的某一个时期做开始，按照及门从学先后的次第，来编排这两篇文章；有时也有就某一问题的互相关系，来叙说先后的人物与事迹。我自从发现这个端倪，依此一贯地读来，别饶兴趣，但我并不想做一个汉学家，所以没有引用确切的旁证，不过但就义理来说，其中蕴藏的学问知见，也已足够我们寻味了。

才德胜人的人

首先说公冶长，字子长，为孔子的弟子。有说他是鲁人；有说他是齐人；又据晋代张华说，他的墓在阳城姑幕城东南五里，墓基极高。究竟他是哪里人，如今已无法稽考了。也许他籍居鲁国，后来迁居于齐，也是人事之常，不必硬要去打死钉眼。他有一度曾蒙冤入狱，孔子认为他最能忍受无辜的耻辱，而且又因他德行兼备，便把自己的女儿嫁给了他。

> 子谓公冶长，可妻也，虽在缧绁之中，非其罪也。以其子妻之。

缧，是一种黑色的绳子，绁，是牵缚的形状。古礼男女统可称为子，所以没有说以女妻之。我们从这里可以看到孔子的论人，是以德行为前提，不管此人的遭遇如何。孔子择婿的标准，并不一定是外国回来的博士。他是拿得定、做得稳，更没有把自己的女儿去嫁给列国诸侯或大夫，以便联络政治关系，却毅然决然地把她嫁给一个蒙受冤枉的罪人，这是何等的胸襟气度啊！

再说公冶长，据古代流传下来的另一种传说，说他能通鸟语，也就因为他有此才具而获罪于当局，被加之以罪名。后来的儒者认为通鸟语这种事近于神奇，就不承认，这是后儒的浅陋之处，迂腐可笑。

但我们可以侧面去了解，公冶长不但德行兼备，而且他学识丰富，可能还精通声韵之学，或者才通博物，对于禽鸟的语言更有特别专长的研究。甚之，他的才识更有超于此者，所以被鲁国当局所忌，这也是历史上政治人事之常。正统儒家的书籍固然认为不经而不取，可是还是从春秋战国流传到现在。

我在童年的时候，也知道唱念"公冶长，公冶长，南山有头大绵羊，你吃肉，我吃肠"。据说，这是鸟儿当时通知公冶长的信号，说南山发现了一头死去的绵羊，叫公冶长拿去吃吧！后来又因为鸟儿告诉他国君的秘密，公冶长才蒙冤被抓入狱的。这是一则民间流传了几千年的童话，我相信天下的事情理之所无者，事或有之，只是我们的智慧不够，所以就不通其理；事之所无者，理或有之，只是我们的经验不够，所以就未见其事。

孟子说得好，尽信书，不如无书。时至今日，科学发达，说某一个人研究生物或动物学，能懂得鸟语，那有什么值得大惊小怪呢？由此，我们可见孔门弟子中人才济济，的确富有乐趣。至于公冶长，一定是一位才德兼胜的人，岂止有忍辱的德行而已！因为在《论语》的记载，只说非其罪也，何以非其罪？孔子并没有说明。我说其中还极其可能是另有文章，或许就因为他才德胜人而遭忌，所以孔子也不便多说了。

才德胜人，不但容易遭人之忌，甚之，或遭天忌。老子深通此道，所以便隐显无常，逃名避世了。否则，就当另挂招牌，犹如释迦牟尼一样，干脆出离世网。如果有才有德，善于处世，无论身在治世或乱世，能够明哲自保，确是一件难事，这也就是人生的最高艺术了。在孔子的弟子中，南宫适就能够达到这种境界。南容，名绦，又名适，字子容，死后谥号曰敬叔，是孟懿子之兄。

孔子择婿的标准

> 子谓南容，邦有道不废；邦无道，免于刑戮。以其兄之子妻之。

"邦有道不废"，是说南容，当国家政治上轨道，需要太平政治的时候，绝对不会冷落废弃了他，一定需要起用他；但遇到邦无道的残乱的衰世，他也能够做到明哲保身，不招致无妄的刑戮。因此孔子便把自己哥哥的女儿嫁给他了。

粗看起来，像南容这样的人，并没有什么了不起，到处可以看见，不过你如对人生的阅历经验深了，加以仔细研究，就知道他实在太不容易了。假如一个人有南容一样的才德，是一个具有治世平天下才能的人，当然就成为列国诸侯和政治上正反双方所注意的人物。到了太平盛世，自然可以顺理成章出山从政，绝不会对他弃而不用。但如处于乱世，军阀官僚就不管那套天理人情和国法，顺我者生，逆我者死，随便加罪于一个人，置之死地，是乱世中一件很平常的事。

假如有南容一样的才德，本来就不是一个废料，可是他处在乱世的社会中，能够碌碌如无所长，不发牢骚，更不会不满现实，只是安于贫贱，而能躲掉人们的注意，苟全于乱世而做到"遁世不见知而无闷"的，实在太不容易了。这岂是一般怀才不遇的人们所能做得到的？"美人绝色难全福，乱世多才亦祸根。"这也是千古人情之常啊！南容之才既足以自保，南容之德又足以从政而致治平，如非深入学问修养的堂奥，岂是泛泛者所能做到？因此，孔子便把侄女嫁给了他。

他嫁自己的女儿给公冶长，嫁侄女给南容，都是一样的胸襟和作用，宁取其才德，不取其禄位。你看，公冶长和南容，在孔子门下，只从孔子的赞辞里见到一点，很少如子贡、子路或颜渊、曾参一样，有声有色。

由此可见，南容在师门中也善于自处，他既

无赫赫之名，也非碌碌之辈，岂非大有过人之处吗？《先进》篇中又说："南容三复《白圭》，孔子以其兄之子妻之。"《白圭》只是一章古诗，他反复再三地读了三遍，孔子便把侄女嫁给他，世上哪有这样容易的事？就让你们现在向广播电台天天读《白圭》，也找不到半个老婆啊！读诗嫁女，只是一个表面的文章，实际上，白圭是一种行大礼时象征用的器物，必须用一块净洁无瑕的玉做成才对。南容读这一章诗，也就是说他学问的用力目标，是在做到立身处世无欠缺、无瑕疵，犹如一块美玉，表示宁静致远、淡泊明志的意境。这是孔子所同意、所赞赏的，所以南容就成为孔子的侄女婿了。

凡是一个仁人君子，他的用心，一切都是为了有利于世，为了后一代。孔子的一生，处处都为继往开来而努力，所以当他发现后起之秀的青年子弟中，有一个半个能够担当起这种责任，学养也到了可以明体达用的境界时，就在不知不觉中流露出无比的喜悦。他的弟子中，有一位宓不齐，字子贱，鲁人，比孔子年少四十九岁，曾做过单父宰，等于现在的县长。他不但有才能有智慧，而且能够仁爱百姓，待人接物无不尽心，绝不肯以才智欺人。

子贱　子贡　冉雍

> 子谓子贱，君子哉若人！鲁无君子者，斯焉取斯？

这一则书，是记载孔子评论子贱的话，他说，子贱真可以说是一个君子了，如果说鲁国没有君子，那么像子贱这个人，难道还有什么不可取之处吗？向来一般的解释，都认为"斯焉取斯"这一句是赞叹鲁国多君子。如果依照如此解释，真是平凡而板滞，像是刻意描画孔子，把他造成一个呆板的样子。如作前面解说，无论为行文，为论人论事，都是活泼泼的，而且由此可以了解，孔子的教学为人，处处着重在学以致用，不只是看中坐而论道的书呆子。因此便接着记述一段论人论事的比较。

> 子贡问曰：赐也何如？子曰：女器也。曰：何器也？曰：瑚琏也。

子贡听了老师评论子贱的话，便很率直地问道，像我怎么样呢？孔子便说，你啊，你已经成为一个器皿了。子贡又问说，那我相当于什么呢？孔子答说，你等于宗庙里祭祀用的瑚琏一样。瑚与琏，是宗庙祭祀用的贵器，用来盛黍稷的。据说，夏代叫作瑚，殷代叫作琏，周代叫作簠簋。宗庙祭祀，是帝王时代很庄严的盛典，黍与稷，是人们维持生命不可或缺的粮食。所以当宗庙祭祀的时候，必须极恭敬诚恳地奉献上去。孔子用瑚琏来譬喻子贡，也就是欣许他的意思。他欣许子贡已经成为朝廷庙堂之间不可或缺的一种典型的贵器。

换言之，孔子认为子贡的学养器度，已经足当治平时代的大臣了。但是，如不得其时呢？也如宗庙的祭器一样，就被冷落起来，要想盛稀饭用也不可能，何况是黍稷呢？你看，孔子的答话和譬喻，有如此的活泼和幽默，足够耐人寻味的了。子贡心里明白，而当时他们师弟之间，一定是相对一笑。可惜古代文字简练，就到此为止，不过也足够让我们回味无穷了。

说到庙堂之器，就引出孔子另一个得意的门生冉雍来了。冉雍字仲弓，在下面一篇中，孔子认为他是可以南面称王的人物。或有人问孔子说，你说冉雍的学问是如何的了不起，但依我看来，他是一个很有仁道的人，可是他的缺点就是不善于辩才，什么事都好像说不出来似的。孔子说，做人为什么要嘴里说得好听呢？你看善于辩才的人，常常和别人打嘴架，与人辩事口若悬河，滔滔不绝，那种人啊，不晓得给人多少可恶的印象，别人虽不说，心里都在憎厌他。如果连仁道是个什么根本都不知道，光会玩嘴巴，那有什么用啊？

> 或曰：雍也，仁而不佞。子曰：焉用佞？御人以口给，屡憎于人。不知其仁，焉用佞？

你读了这一则书，一定可以想到那个问话的人，也只会口头宣传，拿辩才当学养玩的。他就不想想，历史上记载那些成大功立大业的人们，差不多都有一个通例，就是"沉默寡言"四个字。像我们这些教书吃开口饭的人，纵使青毡坐破，能够维护一点师道的尊严，已经算是邀天之幸了，哪里还说得上仁不仁呢！而且千万不要只如《三国演义》上诸葛亮骂江东名士的话，"坐议立谈，无人可及；临机应变，百无一能"，那就更不足道了。至于如冉仲弓，他能够学养到达仁的境界，已经是希圣希贤的程度，至于他有无口才，当然早已不在话下。这个问话的人，未免不得要领，岂非真如孔子说的"焉用佞"呢？

讲到可以南面称王的冉雍，同时又引出一个漆雕开来了。

做官难　做官险

　　　　子使漆雕开仕。对曰：吾斯之未能信。子说。

漆雕是姓，开是名，是孔门弟子之一。说读悦，仕，是仕宦的简意，就如现在俗说的做官。孔子有一天和漆雕开说，你可以出去做官了。漆雕开便对孔子说，我对于这方面，还不敢有自信呢！孔子听了很高兴。当然，这一则里，包括了好几个意思。

第一，可以说，这是孔子测验漆雕开对学问上的定力和见解。做官这件事，差不多是人人爱好的，可是漆雕开听了老师的话，并不动心，所以孔子当然很高兴。

第二，大凡立志为学问德业者，功名并不足以动其心；志心为功名的人，富贵并不当成他的意。只有求学是把做官当目的的人，一听到有做官的机会，就得意忘形了，哪会推辞不去呢？因此，足见漆雕开对于学问德业的定力了。

第三，做官的确是一条险路，实在也是一个陷阱，古往今来，多少英雄豪杰，堕落在这个深渊里。除了学养有素，于万不得已当中，为了达成济世救人之功业，又非取得其位为工具不可时，那才抱着一种入苦海、跳火坑的心情去干的。否则，它和醇酒美人一样的可怕。你只要看近代史，清末民初多少人物的故事，便可知道其中的难处。有一本小说，写一个老于官场的人，到了病死床上的一刹那还要摆官架子，那是实有其事的，并非完全讽刺。在我的阅历中，这类笑话也真不少呢！所以宋真宗时，隐士杨璞被真宗

征召去了，真宗问他临行时有人送诗否，他就说
他的妻子有送行诗说：

更无落魄耽杯酒　切莫猖狂爱作诗

今日捉将官里去　这番断送老头皮

真宗听了，笑而放归——她说这次拉去做
官，恐怕会送掉这个头，的确也是很可能的实
情呢！

第四，古之学者为己，今之学者为人。为己
而学，如能达到自肯自信的程度，已经大不容
易，何况出而担任天下事。如果学养无自信，更
无成己成人的把握，但凭意气冒昧出山从事，那
就无不败的道理。例如宋代王安石，学问品德，
都非泛泛；政治思想，也确有特殊的见地，还有
许多主张，足为后世效法。只因自信太强，学养
未到精纯的程度，对于人事环境又了解不够，结
果弄得自苦苦人，为天下后世所笑。所以孔子叫
漆雕开出仕，他只答复老师一句话说，对于这方
面，我还没有自信呢！这种胸襟和定力，的确是
件不容易的事，无怪孔子大为喜悦了。

本篇由公冶长、南容开始，已经说了五六位

大弟子的事迹，到此，必然要写出孔门弟子中一位以好勇出名、侠义成性的人了。这个人是谁呢？他就是子路。

子路　冉求　公西华

> 子曰：道不行，乘桴浮于海，从我者其由与？子路闻之喜。子曰：由也，好勇过我，无所取材。

有一天，孔子很感叹地说，如果我的道不能行于国啊，也许我就坐个筏子，飘流到海外去了。倘使有那么一天，跟我走的，恐怕是子路了。子路听到孔子这样说，非常高兴。孔子看了他那种欢喜的神气，就说，由啊，好勇的个性，还超过了我，只是不知如何取决一事。我们都知道，在孔子的弟子中，子路最为武勇，而且性情刚直，胸怀磊落，也最富于侠气和霸气。他挨老师的骂算是最多的一个，但是孔子的内心也最喜欢他。骂他就是爱他，想要把他锤炼成材。

须知一个真儒并不是只像一个懦弱的文人，必须是文武兼备，也就是智慧、仁义、武勇全备的人物。例如夹谷之会，到了必要的时候，孔子便按剑而前，并没有文绉绉的像个腐儒。子路的霸气和侠义，正是孔子欢喜的特点，如果能够加以学养的韬晦，其材岂可量哉？因此，到了孔子真有感伤于世道的时候，自己说出愿到海外去飘流，要想带着同行的人物，的确也只有子路才有此才能和勇气。子路听了很欢喜，好像孔子马上就要带他一同出国去作为一番似的。

所以孔子便说子路好勇超过他，只是不知道如何取决一件事。本来孔子偶然说要浮海出国，也只是感伤时势的一句话，他并不真的就要走。因此说子路只知好勇，不知道判断和如何仲裁一件事。一个具有仁心仁术的有道之士，遭逢衰乱之世，大体会走两条路。一条就如释迦牟尼一样，干脆出世；一条就如老子一样，避世隐逸，若隐若现。像孔子这样，明知其不可为而为之，不要说用世的不易，就是如何自处而不遭忌，也已经大不容易了。他既不作出世的打算，用世又碰到处处荆棘，无怪有时候也会动避世之思了。子路虽贤，到底不了解孔子的苦衷，所以便有这一段文章了。

跟着上面而来的，就是一个鲁国的大夫孟武伯，和孔子讨论孔门弟子的学养和才能。

> 孟武伯问：子路仁乎？子曰：不知也。
> 又问。子曰：由也，千乘之国，可使治其赋
> 也；不知其仁也。求也何如？子曰：求也，
> 千室之邑，百乘之家，可使为之宰也；不知
> 其仁也。赤也何如？子曰：赤也，束带立于
> 朝，可使与宾客言也；不知其仁也。

在这里，孟武伯一共请教孔子三位弟子的学养，是否已能达到仁的体用的程度。孔子的评语，却只说他们的才具和学识的造诣，对于体道达仁的境界，一个也没有许可，由此可见孔门所指仁道的不易了。

孟武伯第一个先问的是子路，问他可以够得上称仁吗？孔子说，不知道。这个回答的不知道，太妙了，可以说，孔子有不做正面答复的意思，所以说是不知道。也可以说，他的答复是，子路还不知道仁的境界呢！后来孟武伯又再追问一次，孔子便说，子路的才能和学识，可以在千

乘之国里担当军国大事的兵赋职务。等于现代
说,可以做一个很好的国防部长或陆军司令等。
对于仁道的学养,他是不知道的。

于是孟武伯就转问另一位弟子冉求如何,他
可算知道仁了吗?孔子又答说,冉求的才能和学
识,可以在千室之邑、百乘之家担任主宰的长官
职务,等于现代说,可以做个好县长,那是没有
问题的。对于仁道的学养,他也是不知道的。

最后,孟武伯就转而问到公西华。公西华,
名赤,字子华。孔子又答说,公西华的才能和学
识,可以衣冠楚楚地立在庙堂之上,与各国之间
往来的宾客周旋。等于现代说,可以做个很好的
外交官,至于仁道的学养,他也是不知道的。兵
赋同称,事见《左传》隐公四年,详见《周礼》。
古称千室之邑,为卿大夫之邑;百乘之家,为卿
大夫采邑之地,民有千家。孔子弟子中的公西
华,《史记》说他是鲁人,少于孔子四十二岁,
相貌仪表都很好。

总之,这三个人,孔子都没有许可他们已经
知道仁的境界。因为说到了仁道,不免又要一提

孔门独许可传仁道心法的颜回了。所以在此便插入孔子与子贡的谈话一则，以示孔门授受仁道心传的难能，同时也可以看到子贡的自知之明，以及孔子和子贡的谦下之德。

子贡与颜回

> 子谓子贡曰：女与回也孰愈？对曰：赐也何敢望回！回也闻一以知十，赐也，闻一以知二。子曰：弗如也，吾与女弗如也。

这里是说，有一天，孔子问子贡说，你和颜回比较，哪个好呢？子贡说，我哪里敢和他比？他听了一个道理，便可以连带明白了十个道理；我呢，只能听了这个，可以明白那个而已。孔子便说，实在你不及他，我也和你一样，认为我们都不及他呢！

子贡能够闻一而知二，已经是超过中人之资了。由他的答话里，说明他有知人之智和自知之明，外加一个服善而谦虚的德行，他岂止闻一而知二呢？而且孔子唯独把他和颜回来比较，就可见孔子对他也特别的器重。他这一谦下，更加获

得孔子的赞许，同时也表示自己的谦德，便说我
与你都不如他了。可见他们师弟之间，是如何地
谦和平易相处啊！由此也可见孔子对子贡的才德
器识，都是特别有所钟爱的。

所以孔子死后，只有子贡筑庐住在孔子墓边
三年，他们师弟之间仰慕、依恋的真情，就可想
而知。后世堪舆家的传说，认为孔子在曲阜的坟
地，还是子贡择看的呢！但我却怀疑孔子后半生
的生活，可能就是靠子贡来维持的。孔子说过子
贡不肯受命于人，偏去经营商业，而且"亿则屡
中"，就是说他对商务的估计每次都很准确。孔
子又曾与他说笑说，但愿你发财，我来替你做总
管吧！而且《论语》中记载子贡与孔子的对话也
特别多些，所以我有此疑，认为孔子后半世的生
活，都是靠子贡的了。是否如此，死无对证，量
情酌理而论，也只是说真性情中人的或然之中的
必然而已。

上面所讲述的，都是记载孔子教学的平实和
顺之处，下面一节，可以见到孔子平日教学的谨
严之处。古人所谓雷霆雨露，都是恩施，谁说不

是呢!

睡午觉的事

> 宰予昼寝。子曰：朽木不可雕也，粪土
> 之墙，不可杇也。于予与何诛！子曰：始吾
> 于人也，听其言而信其行；今吾于人也，听
> 其言而观其行。于予与改是！

宰予，字子我，又名宰我，鲁人，是孔门的
弟子。他大白天睡觉，历来但从字面上讲，都是
说孔子生了气，责备他说，腐烂的木头，根本不
能雕刻成东西；粪土做的墙壁，说什么总是臭
的，你要加上粉刷油漆都没有用。所以他说，我
对于宰予，并不深加斥责。历代诸儒大体都这样
说，认为孔子深责宰予睡午觉大不应该。因此认
为孔子的"于予与何诛"一句，说是不责备他，
其实正是深深的责备。

我对于这一则书，也反复地研究过，总觉得
与下文合不起来，因为宰予也是孔门四科弟子中
的著名人物，否则《论语》就不会特别注重他，
并且再三提到他的事。我反复审读这一则，忽然

悟到此中的道理，原来孔子不但不责备宰予，而且还为他特别说明，说他白天睡觉是出于无奈；因为宰予患有体力衰弱症，或精神衰弱症，所以午睡是不得已。因此对于宰予，并不过分地责备。譬如腐朽的木头，你一定要把它雕刻成东西，那是不可能的；又譬如用粪土做的墙，虽在外面加以油漆和粉刷，也是白费的。

从前大陆北方和中原地带，造屋建筑泥墙，都要选用坚韧的泥土，不然是不会坚牢的。这两句都是说，质地不好的土和木，如硬要用它造成伟大的建筑，它是不胜负担的。一个人的体力衰弱，精神不够，生理机能内部不健全，如硬要他如何如何，那是做不到的。所以孔子便说，对于宰予，就不能太苛责他了，而且不但不苛责他，甚之，还非常地感伤。

因此跟着便说，我开始时，对于一个人，听了他的话，便相信他是能够做得到的；现在呢，我对于一个人，听了他的话，还要加以观察他的才能和身体，是否具有这种魄力，可以一定做得到。他又说，我为什么有这种改变呢？因为我在教学生的体验上，观察到宰予的健康情形，才改变了这个观念。

古文简练，能力的意义也包括在行为之内，大可不必仅把"行"字范围在行为之内。当然喽，我对于这一则书，简直完全和古人唱反调，其实，我也是由于教学的实际经验，反复体认和仔细研究此章，才得恍然一悟。如果这样说是对的，更可见孔子的伟大处——他不但有严谨的教学态度，而且还深深地体谅每一个学生的才智体力和环境。假使你设身处地于两千多年前的时代，你能不由衷地佩服孔子教学方法的周到吗？这才是真正建立了一个教育大师的千秋规范。至少我相信，这样说是相当准确的，千万不可跟着唐宋诸儒的陋见，只把孔子塑成一个呆板迂腐的偶像，看到学生睡午觉就开骂起来了。

后世自命为儒家的学者，为了表示尊重圣人的守则，连午觉都不敢睡。贤如曾国藩，也只好发明一个睡傍晚觉的补充办法，岂不可笑之至吗？一个圣人，绝不至于如此的浅陋，他对于人情世故是面面通达的，才能有此成就。如果硬要把体力不支的学生，加上课外补助，又不许他睡午觉，昼夜都要用功，除非孔子想把所有的弟子们都造成颜回那样，早点短命夭折了。所以这一则插入子贡与颜回的比较之后，更显见它的关联之妙了。跟着下面的几则，就转入讨论学问和修养的要点。

无欲则刚

> 子曰：吾未见刚者！或对曰：申枨。子曰：枨也欲，焉得刚。

这一则，主要的目的是说明什么叫作刚的境界。依据儒家学术思想的解释，刚与柔是相对的一种现象，刚是能断而果决的，柔是沾缚而缠绵的。刚为阳为强，是赫赫如白日的现象；柔为阴为弱，是肃肃如黑夜的现象。

孔子有一天说，我没有见过一个真正刚的人。有一个人就说，像申枨这个人，算是刚的吧？孔子说，申枨是多欲的人，哪里够得上刚的程度呢？从这一则书，后人就了解孔子教育的要点，是重无欲则刚的。本来欲望无穷，如果不加以克制和修整，它随人生的经验和知识互为因果，就会彼此相随扩充，缠绵难断了。唯有能断一切欲者，其智犹如金刚，才能够达到刚的程度。而且有欲则有所求，有求必有所屈，自然也就刚不起来了。俗话说"人到无求品自高"，也就是这个意思的缩影。申枨，鲁人，《史记》称为申棠，字周；《孔子家语》称为申续，字周。我所讲的只偏重于义理，申枨其人其事并未多加考证。

子贡赞美老师

> 子贡曰：我不欲人之加诸我也，吾亦欲无加诸人。子曰：赐也，非尔所及也！

子贡有一天说，我不希望别人给我烦恼，我也不想给别人烦恼。孔子听了便叫着他的名字说，赐啊，这不是你能够做得到的。历来解释这一则，曾特别强调一个"加"字，都说加是侵陵别人的意思，其实大可不必如此强调。这一则，明明白白是子贡报告自己学养的经验，所以孔子说这是不容易做到的事。

一个人在世间，随时随地，任何时刻，都是与人互惠的，如加反省，我们所得的快乐，大体都是从别人的辛苦中来的。仔细研究，无论亲如骨肉，远如万物，莫不如此。你想不给别人烦恼，也不想别人给你烦恼，除非是出离人世以外。这是一个人生哲学上的大问题，的确是不容易随便来讲的，所以孔子说，这是你所做不到的事啊！换言之，也是人人做不到的事。只有在彼此之间保持相当的限度，那就是人伦的幸福了，而这个限度，就是儒家所讲的礼了。说到这里，又可显见孔子对人生哲学的态度和他学术思想的深刻。于是下文便有子贡一则赞辞。

子贡曰：夫子之文章，可得而闻也；夫子之言性与天道，不可得而闻也。

古人因为社会情况和现在不同，所以文字简练，远不如现在的周详；而古人所称的文章，往往包括了学术思想等等。子贡说，孔子的文章，是可以听得懂的；至于孔子所讲性命之理和形而上天道的道理，不但轻易听不到，而且即使讲了也听不懂。所以在《子罕》篇中便说："子罕言利，与命，与仁。"一般人认为孔子只讲伦理，拿现代语来说，是说孔子只讲人生哲学或实践哲学等等。对这种说法实在不敢苟同，不过这属于另一问题，在这里就不用多说了。此节说到这里，又未免陈义太高，使人有莫测高深之感，或者有故意高推圣境之嫌，因此下文便来一则最平常的话，以衬托孔子为学的下闻与上达虽然很平易近人，事实上，却很难做到。

子路有闻，未之能行，唯恐有闻。

这是说，子路听了孔子的教导，如果还不能够实际做到的话，他就怕再听到新的教训了。这一则和上文子贡所讲的，大有高深和浅近之别了。上文子贡讲到孔子学问的高深莫测，在此又插入子路讲的孔子之道，例如孝弟忠信等等，虽然人人易知，但也不易行啊！学问听得多了，但在面临事实时难以切实做到，等于没有学一样，那又何必多听呢？在此也表示出子路的为人为学，确是闻必能行的贤者，岂止好勇而已！所以他也是孔门弟子中的中坚分子。由于上文讲了一则孔子的高深，下文便来一则孔子的平实，这样的行文气势犹如天衣无缝，妙哉！妙哉！

本篇到此所讲的，都是述说孔门弟子的学养问题。自此以后，就峰回路转，只述说孔门师弟之间互相观人论世的道理，用反面的文章衬托出孔子学术思想的背景，同时也足为千秋后世立身处世的借镜。这是一种妙文，与上半篇互为反映。

孔子论人品

> 子贡问曰：孔文子何以谓之文也？子曰：敏而好学，不耻下问，是以谓之文也。

古人有一种礼法行使于士大夫与君臣之间，就是在一个人死后，把他一生为人的重点，加上一两个字的定评，等于是盖棺论定的褒贬语，尤其对皇帝更为严格，这就叫谥法。例如周文王的"文"字，武王的"武"字，汉文帝的"文"字，唐玄宗的"玄"字，朱文正的"文正"，王文成的"文成"，都是死后加上的谥号。而且在周秦以后，渐渐定有规格，变成非常严格，成为有一定解释的礼法了。

孔文子，是卫国的大夫，名孔圉，死后谥曰文。子是一种尊称，例如孔子。因此子贡问孔子说，孔圉这个人，根据他的什么德行，死后却谥他为文呢？孔子说，思想聪明敏捷而且好学，同时又谦虚好问；甚之，下问到不如他的人，或下层阶级的人，凭他这种德行，就可以称他为文了。粗看起来，这些也是很通常的事，没有什么了不起。但你如加以仔细的体会，看看许多聪明而有才学的人，多半自认文章是自己的好，那种自满和骄狂，不要说看不起不如他的人，甚之，连学问胜过他的人，也同样地看不起。你这就可以体会，孔子对孔文子的论评，的确是件不平常的事。等而下之，空腹高心之辈，眼睛里根本看不到世上还有人一样，那就更不在话下了。接着一则是：

> 子谓子产，有君子之道四焉：其行己也恭，其事上也敬，其养民也惠，其使民也义。

子产，郑人，是郑穆公之孙，公子发之子，名侨，因为是公子之子，故称公孙。他在郑襄公三十年间执郑国之政，所以又有称他为郑大夫公孙侨的。而且子产在执政的期间，的确是一个治国的能臣，因此孔子说他具备大儒君子之道的四个特点，所以才能成为一个大臣。孔子说子产：

第一，对于自己处世的行为和操守，随时随地都做到"恭"的标准。恭，就是谨严肃穆的情态。

第二，对于上事君父及国家，遇事都很敬。敬，就是忠实小心的情态。

第三，对一般人民，处处都是施惠于人，这是说，他在精神和物质上是以利益人民为前提的。

第四，对于运用国民的身力财力和物力时，处处合理，而且是适应人民的需要，这就是政治上的义。

你看他评论子产的话，第一、第二两点，是对己对人，属于一个士大夫立身持己的学养；第三、第四两点，是处事接物，属于一个士大夫处世待人的学养。这是儒家学问的风规，也就是从政者学养的必备条件。此事说来容易，真能切实做到，实在是很难的。根据孔子的这番评语，我于子产也不胜其仰止了。其次，就说到交朋友的道理来了。

　　子曰：晏平仲善与人交，久而敬之。

　　晏婴，是齐国的大夫，谥名平仲。谥法说，"治而清者曰平"，所以称他为晏平仲，是赞扬他在从政时期把国家政治处理得清明平靖。孔子说他最善于交朋友，为什么呢？不论他与别人交往，或者别人与他交往，时间愈久，他对别人或别人对他，都会愈来愈恭敬的。

　　的确，交友之道实在很难，太亲近、太熟识了，自然会变得随便，俗语所谓的熟不知礼，就是这个意思。由于熟不知礼，太过随便，日久便会互生怨怼，反而变成生疏了。所以古人由经验中得来的教训，便很感慨地说"虎生犹可近，人熟不堪亲"，也就是这个意思。

　　此外，有如清人张问陶的诗说："事能容俗犹嫌傲，交为通财渐不亲。"又如俗语说的"仁义不交财，交财不仁义"，"交为直言亲转疏"等等，也都是从经验中得来的教训。人与人之间，为什么会如此？最基本的原因，因为人的心理作用犹如物理一样，挤凑得太紧，就会产生相反的推排力。因此要在彼此之间保持相当的限度和距离，以维系永恒的感情，这便是礼，也就是敬的作用和好处。

所以我们处朋友之间，如能学到晏子那样，彼此相交愈久愈恭敬，交情自然就会长久了。孔门弟子子游也说："朋友数，斯疏矣。"这也同样是教人在朋友间相处不可以太过亲密，更不可以有太多的要求。

其实，推而广之，岂但交友之道如此，就如夫妇之间许多的事故，也无非太过亲密，才会发生反作用的。所以古礼教人处夫妇之道，也要相敬如宾。宾，就是客，也就是朋友的意思。一个人如深知此中的利弊，实在会觉得可怕！不过，如能渐渐从学养上做到一个"敬"字，又会觉得有无限的机趣，才真能体会到人生处世，确是最高的艺术。以上是孔子称赞好几个人的长处，下面接着记载的是孔子批评一个人的不智。

子曰：臧文仲居蔡，山节藻棁，何如其

知也？

臧文仲，是鲁国的大夫，名臧孙辰。文，是死后的谥号。蔡，地名，据说出产一种很大的乌龟，长一尺二寸。龟长超过一尺，古人便视它为宝贝了。蔡地这种宝贝的乌龟，在古代只有国君才许可据有的。居，在此当居奇的意思讲。臧孙辰死后，既然谥曰文，在世一定也有特殊的德行了。但是，孔子对他很不以为然，首先，他以世家公子出身的大夫，居然要玩国君的宝货；其次，又说他在门窗柱头上面，要刻画上山水等花纹浮雕，所谓雕梁画栋，犹如皇宫，极尽居住的享受。

孔子认为这样的作风，怎能算是一个有智慧的人呢？当然，以后世和现代人的物质生活享受看来，像臧文仲一样，家里雕梁画栋，养个把大乌龟，并不值得大惊小怪。但如处在春秋时代，全中国都以重视农业生活、崇尚俭朴的风气看来，那就相当于现代一个人家里自备有电影场一样的奢侈，这是说他不对的一层。而且玩人丧德，玩物丧志，这是说他不对的二层。又以人臣而仿效国君的奢玩，纵然不遭人忌，也会遭到物忌的。况且乱世多财，也是招来横祸的因素，这是说他不对的三层。如此种种，孔子怀疑他简直是无知。跟着就是：

> 子张问曰：令尹子文，三仕为令尹，无喜色；三已之，无愠色。旧令尹之政，必以告新令尹。何如？子曰：忠矣。曰：仁矣乎？曰：未知，焉得仁？

子张是孔门的弟子。有一天，他问孔子说，楚国的子文三次被任命为令尹，等于古代官制所称的宰相，像现代的"行政院长"之职。但是他每次都没有高兴的态度，并不觉得做令尹是很光荣的；而且也三次命他卸职，他也没有特别怨恨烦闷之色。同时他在新旧任交替的时候，把自己任内的政策、政纲和行政的经验，必定要清清楚楚地告诉接任的人。老师看，这个人怎么样？孔子说，这个人当得上是一个国家的忠臣。子张问，够得上称为仁人吗？孔子说，我不知道，哪有那么容易就称仁人呢？

你看孔子的答话，他对于一个人的了解，如

果不够清楚时，绝不肯道听途说，就对他遽下评语；他只表示堪称为仁人的人，的确是很不容易的境界。而对于令尹子文所下的评语，认为他是楚国的忠臣，却是恰如其分。令尹子文，就是楚国的大夫，姓鬬，名谷，字于菟，为斗伯比之子。于是子张继续问说：

> 崔子弑齐君，陈文子有马十乘，弃而违之，至于他邦，则曰：犹吾大夫崔子也！违之，之一邦，则又曰：犹吾大夫崔子也！违之。何如？子曰：清矣。曰：仁矣乎？曰：未知，焉得仁？

陈文子，是齐国的大夫。崔子，也是齐国的大夫，名杼，他作乱，弑了他的国君，这事也见于《左传》襄公二十五年。春秋之世，以四马共驾一车，谓之一乘。陈文子和崔子同在齐国做官，位居大夫之职，共有十乘之车，也就是说，他的职位可拥有四十匹马，可以使用十部车，可谓是煊赫一时的人物了。古代交通工具，特别珍视马匹，等于现代人重视汽车一样。他有马四十匹，可以勉强地说，相当现代人做官的有汽车十部，其他的财富名位还不算。你能说陈文子不阔气吗？可是当他看到同僚崔杼杀了国君，自己想坐上这把交椅时，他就宁可抛弃所有的名位和财富，溜到外国去了。

但是那时候诸侯列国，等于现在一样，无处不乱，无事不乱，所以他说，这里的官儿们，也和我齐国的崔大夫一样，于是他又溜到另一个国家去了。结果，天下老鸦一般黑，他说，这里的角色，也和我齐国的崔大夫差不多！因此，他又溜走了。子张说，你看这个人怎么样？

孔子说，可以算很清高的人了。子张又问说，那他够得上称仁人吗？孔子说，我不知道，哪有那么容易就称得上仁人呢？我们由这一则的记载，可以看出孔子评论人物的标准，是如何的严谨，又是如何的客观而有分寸，足为后世所师法。所以自孔子著《春秋》以后，历代历史传记中的史评字句，始终不能跳出他的范围。同时我们也可以知道，孔子对仁道仁学的重视有如此者，尤其对于够得上称仁人的，更不轻易许可。他对令尹子文，只下一个字的褒语，说他是忠；

他对陈文子，也只下一个字的褒语，说他是清。因为陈文子没有担当起拨乱反正的责任，虚食国家的俸禄，而不能斡旋国家的患难。从个人的立场说，他不肯和同僚崔杼同流合污，只能说得上是清；从国家的立场说，他还够不上是忠。

因此我们可以看到宋亡时候的文天祥，既不贪宰相之位而降元，更不畏生死而上砍头台，他自称是学孔孟之学，以杀身而求成仁的，确实够得上碧血千秋，庙食而无愧了。我们再看明亡的时候，有一个乞丐羞于亡国之痛，而上吊自尽。他临死还题诗在壁上：

三百年来养士曹　　如何文武尽皆逃

纲常犹在卑田院　　乞丐羞留命一条

明朝俗称乞丐的集中处为卑田院，他这一上吊，便把明朝士大夫的气节更比得不留余地，如果孔子看见，不知道下一个什么字的评语了。接着两则，又是孔子自动说出处事的词语。

季文子三思而后行。子闻之曰：再，斯可矣！

季文子，是鲁国的大夫季孙行父。文，是他

的谥号，根据谥法，道德博厚曰文。他是一个一
生为人做事都很谨严，而且忠而贤的人。他遇事
必定要反复思维研究，经过三次才肯决定。孔子
听到了便说，处事只要再度思考研究一两次，就
可折中去做了。换言之，孔子认为遇事反复三
思，有时实在是行不通的，所以他说思考一两次
就好了。凡事研究愈多，有时反会被思想的本身
所困，所以孔子说"再，斯可矣"。再，也就是
折中的意思。

> 子曰：宁武子，邦有道则知；邦无道则
> 愚。其知可及也，其愚不可及也。

宁武子，是卫国的大夫宁俞，武是他的谥
号。他一度曾任卫国的外交官，事见《春秋》文
公四年，并且是一个极其成功的外交官。孔子说
他，在国家政治上轨道的时候，他表现的才能，
是一个极有智慧的人；而在国家紊乱、政治不上
轨道的时候，他的表现是一个极愚昧的人物。孔
子又说，他所表现的才能和智慧，还可以学得
到；他处乱世所表现的愚昧无知，却是难以学到
的本领。对于一个人立身处世的修养方面，确是

一个最难做到的榜样。

其实，宁武子本人，不但不是模棱两可的人，而且还是一个很刚直的人，你只要看他的谥号曰武，便可知道他的为人了。根据谥法，刚强直理曰武，他在乱世所表现的愚昧无知，正是他不肯学墙头草风吹两边倒的风骨。以愚保身，的确是知识分子的难事，而处乱离之世，不发牢骚，不愤世嫉俗，有意愚笨得如麻木不仁，那岂是件易事！如无极湛深的修养，恐怕谁也做不到。

当王莽篡汉时，有一位任永，他原和王莽一同任职汉朝，为了避免王莽要他投降，他就装作青光眼瞎了，装得连自己的妻子都被瞒过去了。后来他的爱妾欺他是个瞎子，当着他的面和人通奸，他都不动声色地忍受过去了。一直到王莽失败以后，他才宣布是假装瞎的。他的爱妾，也因此羞得上吊了。如以个人修养而言，不痴不聋，实也无法做乱世的人民呢！所以孔子也说宁武子"其愚"是很难学到的。我想今日由于环境的磨炼，我们的同胞中，必有不少宁武子吧！

本篇上来都是记述知人论世的话，到此忽然插入三四则孔子片段的自语，好像首尾毫不相贯。经过再三的研究，方才发现，上面许多知人论世的话，正是反映生当孔子时的紊乱时代，聪明才智之士，持术以求用者，到处可见；而要求持德以正己正人者，实在寥寥无几。再加上周游列国的经历，自觉对于那个现实的时代，确已无法匡救，只有回去著书立言的一途了。所以在这里便记载他在陈蔡之间决定回国前后的感想，以及回来以后，与弟子们讨论各人的抱负和他自己的看法。如果把每条分开来作为格言式的教条看，固然没有什么不对，但如把他全篇衔接，作为他半生飘泊以后的经验故事来看，在文字的背景里，大可找出他另一层意思，犹如在读另一篇《孔子世家》的外传，别饶风趣。事实上是否如此，当然不可遽加武断，但如作此说，方见全篇天衣无缝之处。

孔子返国的考虑

> 子在陈曰：归与！归与！吾党之小子狂

简，斐然成章，不知所以裁之！

这是说孔子在陈国的一段时期，他很感叹地说，回去吧！回去吧！过去跟我在一起的那班年轻的小伙子们，他们太狂放了，也把事情看得太简单了。有的已经著书立说，居然写文章以名世，但是他们却不知道如何来仲裁学术思想。易言之，在孔子周游列国的一段期间，本来打算碰碰机会，想要有所作为，但留在鲁国和散处各地的弟子们还是很多。所以他曾说过："从我于陈蔡者，皆不及门也。"由此可见当他在陈蔡的时候，和他在一起的大多是一班不常随左右的弟子。而他在列国之游的阅历中，看到天下的老鸦都是一般黑，他认为没有什么特别的希望了，决定回去。

同时他又觉得一般从学的弟子们，有的太狂放任性，有的太把世事看得简单，他们自己都已经以文章名世，但又不深切了解如何融化中和这一紊乱时代的学术思想。固然他们写文章、著书立说可以成一己之名，但如缺乏湛深的学问修养和远大的眼光来仲裁它，结果，不但不能利人利世，甚之对于他们自己，都是一种很大的损失。于是，孔子不放心，就决心回国了。可是，孔子固然要回鲁国，但是在鲁国方面，过去还有许多反对孔子和排挤孔子的一班老人，其中还有许多政治上的恩怨是非，他是否能够顺利回去？或回去以后，是否能够安居得下来？总不免有些问题存在，于是就引出孔子的一则话：

　　子曰：伯夷、叔齐，不念旧恶，怨是用希。

　　伯夷、叔齐两个人的事迹，大体可见《史记·伯夷叔齐列传》，不在此多说。他们是让位避世流亡在外的志士，孔子拿他们做比较，未免语重心长，含有感慨万千之意！而且在这里引用伯夷叔齐的做人处世的态度，说他二人能不计前嫌与人们相处，所以就很少发生怨恨的事了。这两句话插在这里，可以算孔子取瑟而歌的意思，说明自己要回鲁国了，旧日的恩怨是非，大家都不必放在心里。一方面用以自勉，一方面也是告诉鲁国过去对他有怨恨的人们，大可一笔勾销，不必再计较旧账了。

可是在这里，忽然又插入一则孔子论微生的话，未免又觉得是一个突兀。如果仔细一想，一点也不奇怪，这也是表示孔子的态度，认为要归去来兮，就可直接地归去来兮，用不着来个什么政治上或靠国际友人来转圜了，不然就不是高士的直道而行的作风了。

> 子曰：孰谓微生高直？或乞醢焉，乞诸
> 其邻而与之。

微生，鲁人，名高，平素有高直的名声。孔子在这里却说，哪个人说微生是一个高士呢？而且说他是直道而行的呢？有一次，有一个人问他要些醢肉，他自己没有，便向邻居讨来给人家，这样婉转的为人，就可见他并不尽以高直之道来自处处人啊！由这一则话，我们可以看出好几个意思。第一，是说高士的直行，就应当是不转弯的。第二，也可以说，高直之行，对于做人处世，有时候是行不通的。就像微生一样，大家都知道他是个高直之士，可是他对某些事，例如别人问他求醢肉等事，他还是婉转曲折地为人办到，可见处世并非完全用直道可以行得通的。第

三，如依直道而论直道，微生的乞肉为人，如不
告诉对方代人而乞，或不告诉对方是别处讨来给
他的，都是有失直道。如但照直道而行，做事处
世，又是否行得通呢？

孔子在此只提事实，并未下一断语，他的话
究竟属于哪方面的意思，只好各由各的立场，见
仁见智，依事论事，随便你自己去猜吧！但是如
与下文衔接起来看，就可见孔子这一次决心回到
鲁国，是具有无限委曲求全的心理，虽然有违背
他自己直道而行的主张，但也是无可奈何的了。

> 子曰：巧言、令色、足恭，左丘明耻
> 之，丘亦耻之。匿怨而友其人，左丘明耻
> 之，丘亦耻之。

孔子说，以花言巧语、卑躬曲膝，貌似很恭
敬地来处世对人，不但鲁国的太史左丘明看来觉
得是很可耻的事，就连我也觉得是很可耻的事。
内心隐匿宿怨，但在表面上又不得不与对方交游
做朋友，像这样的事，不但左丘明认为是可耻
的，就是我也认为是最可耻的事。

这一节接在论微生直道之后，明显说出，巧

言令色和匿怨而友其人，都是不合于直道而行的道理。然而，在鲁国，政治和社会间的恩怨，以及过去在学术思想和政治上对孔子排挤的人，依然还在。到如今，孔子虽然不想回去，但又非回去不可，何况列国间的情形也是一样，所以只有含垢忍辱地打道回鲁了。虽然不合于直道而行，其奈世风如此，虽欲挽救而无能为力。他既不愿离尘避世，又要维持人本位的人道学问，不归故乡，又向哪里去呢？因此他说出了这一段话，同时也表明当时内心沉哀的心绪。

接着便记述孔子回到鲁国以后的态度。他的回来还是有他的目的，这个目的，就是"为天地立心，为生民立命，为往圣继绝学，为万世开太平"。因此才有下文的记载，也就是追述孔子回到鲁国以后的教化。

孔子的心愿

> 颜渊、季路侍。子曰：盍各言尔志？子路曰：愿车马、衣轻裘，与朋友共，敝之而无憾。颜渊曰：愿无伐善，无施劳。子路

曰：愿闻子之志！子曰：老者安之，朋友信之，少者怀之。

有一天，颜渊和子路侍奉在孔子的左右。孔子便说，姑且讲讲你们的志愿吧！子路忍不住先抢着说，我希望有豪华的生活，出门有车马等交通工具，冬天穿的是轻而暖的皮袍，并且与朋友们共享我的富裕生活，钱花光了也是痛快而无憾的。子路这种态度，始终有一股豪杰侠义的气概，所谓"安得广厦千万间，大庇天下寒士俱欢颜"的神气。

颜渊跟着便慢慢地说，我只希望普天之下，再也不要戕伐好善的人；同时，也不要再让人们劳苦了。颜渊这种愿望，大有"愿天常生好人，愿人常做好事"的胸襟，是一片希望天下太平的仁者之用心。过去的解释，都说"伐善"是不自夸其善，不自居其功；"施劳"，不以耗费劳力的事，施给别人。这种解释，当然很对，但未免有硬把颜渊的胸襟强纳入三家村老学究的道学面孔之嫌了。我们在这里，既可以看到子路的豪迈，又可以看到颜渊的仁厚，可是孔子都不加以结论，只让他们各说各的就算了。

于是，文章又来了，活生生地刻画出一个沉不住气的子路，他率直地问孔子说，我们也都说过了，老师，你的呢？我们也很想知道老师的志向啊！孔子被他一问，只是很平易地说，我只希望，老年的人可以得到安养，朋友和社会之间都能彼此互相信任，少年的人都能胸怀厚道。

你看，孔子这三句平平淡淡的话，从表面看来，不痛不痒，实在没有什么了不起。但你如仔细一想，在这几句当中，第一，反映出孔子当时的一个乱世的反面现象。第二，也是孔子一生凄凄惶惶，急急忙忙要建立千秋万代生民教化的志愿。推开当时的社会情形不说，你只要打开古今中外的历史，无论哪一个紊乱的时代，情形都是一样。

就如我们现在吧，老年人无所安养的悲哀，反映出文化教育和国计民生的衰落，同时这也是全世界的普遍怪现象。朋友之间，社会之间，乃至国际之间，谁也不信任谁。青年的朋友们胸怀愈来愈狭隘，思想愈搞愈尖酸刻薄，你能不希望有一个太平的岁月、和平康乐的世界摆在你的面前吗？孔子只此寥寥数语，不但把自己的胸襟怀抱表示得又平实又伟大，同时也把子路颜渊所说的，一齐比得低下去了。他这种胸襟愿望，犹如日出高山，照得大地如春；颜渊和子路，只如星月的光辉，也就自然地都被日光所夺了。

说到社会人心的情形，如何才能改变过来呢？其实并不需要这一套理论，那一套主张，才能改变。只要大家痛切地反省时代和自己的过错，每个人自动内发先改过自新，从头做起，不可以只要求别人，而不自反省、不自责。所以孔子说，真没办法啊！我实在没有见过一个肯自己反省、肯责备自己过错的人呢！

忠信者多　好学者少

　　　子曰：已矣乎！吾未见能见其过，而内
　　自讼者也。

虽然如此，孔子并不灰心，他希望把他的这种学问传续下去给后代的人们。所以他说，学问之道，并不太难，而且为学的人和忠信之士，也处处可见，只是不肯沉潜下来如我一样地力学而已。如果人能肯加力学，希圣希贤，本来也只是一件平常的事，绝没有什么特别的难处。因此下面又说：

> 子曰：十室之邑，必有忠信如丘者焉，不如丘之好学也。

从这一则话中，同时可以看到孔子对于人才的看法，他是认为人才随处可见，只需加以力学来培养就好了。"十室之邑，必有忠信。"十步之内，必有芳草。天下何患无人才，只患不知如何培养人才，如何不窒塞人才耳！

但是孔子为什么在讲到人才时，提出"不如丘之好学也"这句话？显然认为好学才是培养人才的要务，这是什么道理呢？须知能够成为一个人才，必须具备三个基本的条件，就是才、学、识三种。才，就是包括了天才的智慧和德性的忠恕，这个条件，大多是属于先天性的。但是虽然有了天才，如果不加上力学，纵有天才，也很容易成为偏才，而且更难有深远的见识了，所以见识胸襟大半都从后天的学养中得来。可是如果没有天才，即不能成学，更难求其有远大的见识。
所以他在《为政》篇中便说："学而不思则罔，
思而不学则殆。"也就是这个意思。

史称汉昭帝时代的霍光"不学无术"，这
"无术"两个字，是说他缺乏学养和远大的见识。
我们在过去的历史上，都很佩服诸葛亮的才具，
而他的才识，就是从儒家道家的学问修养中，有
湛深的造就得来。诸葛亮在才与学的方面，曾有
一篇《诫子书》，说得非常清楚，现在把它摘录
在这里，作为本篇好学的参考：

> 君子之行，静以修身，俭以养德；非淡
> 泊无以明志，非宁静无以致远。夫学须静
> 也，才须学也，非学无以广才，非静无以成
> 学；慆慢则不能研精，险躁则不能理性，年
> 与时驰，意与岁去，遂成枯落，悲叹穷庐，
> 将复何及也。

雍也第六

子曰：雍也，可使南面。仲弓问子桑伯子，子曰：可也，简。仲弓曰：居敬而行简，以临其民，不亦可乎？居简而行简，无乃大简乎？子曰：雍之言然。

哀公问：弟子孰为好学？孔子对曰：有颜回者好学，不迁怒，不贰过，不幸短命死矣！今也则亡，未闻好学者也。

子华使于齐，冉子为其母请粟。子曰：与之釜。请益，曰：与之庾。冉子与之粟五秉。子曰：赤之使齐也，乘肥马，衣轻裘。吾闻之也，君子周急不继富。

原思为之宰，与之粟九百。辞。子曰：毋！以与尔邻里乡党乎！

子谓仲弓曰：犁牛之子，骍且角，虽欲勿用，山川其舍诸？

子曰：回也，其心三月不违仁。其余，则日月至焉而已矣。

季康子问：仲由可使从政也与？子曰：由也果，于从政乎何有？曰：赐也可使从政也与？曰：赐也达，于从政乎何有？曰：求也可使从政也与？曰：求也艺，于从政乎何有？

季氏使闵子骞为费宰。闵子骞曰：善为我辞焉，如有复我者，则吾必在汶上矣。

伯牛有疾，子问之。自牖执其手曰：亡之，命矣夫！斯人也，而有斯疾也！斯人也，而有斯疾也！

子曰：贤哉回也！一箪食，一瓢饮，在陋巷，人不堪其忧，回也不改其乐。贤哉回也！

冉求曰：非不说子之道，力不足也。子曰：力不足者，中道而废，今女画。

子谓子夏曰：女为君子儒，无为小人儒。

子游为武城宰。子曰：女得人焉尔乎？

曰：有澹台灭明者，行不由径，非公事，未尝至于偃之室也。

子曰：孟之反不伐，奔而殿，将入门，策其马，曰：非敢后也，马不进也！

子曰：不有祝鮀之佞，而有宋朝之美，难乎免于今之世矣。

子曰：谁能出不由户？何莫由斯道也！

子曰：质胜文则野，文胜质则史。文质彬彬，然后君子。

子曰：人之生也直，罔之生也幸而免。

子曰：知之者不如好之者，好之者不如乐之者。

子曰：中人以上，可以语上也；中人以下，不可以语上也。

樊迟问知。子曰：务民之义，敬鬼神而远之，可谓知矣。问仁。曰：仁者先难而后获，可谓仁矣。

子曰：知者乐水，仁者乐山。知者动，仁者静。知者乐，仁者寿。

子曰：齐一变，至于鲁，鲁一变，至

于道。

子曰：觚不觚，觚哉觚哉！

宰我问曰：仁者，虽告之曰，井有仁焉。其从之也？子曰：何为其然也？君子可逝也，不可陷也。可欺也，不可罔也。

子曰：君子博学于文，约之以礼，亦可以弗畔矣夫！

子见南子。子路不说。夫子矢之曰：予所否者，天厌之！天厌之！

子曰：中庸之为德也，其至矣乎！民鲜久矣！

子贡曰：如有博施于民，而能济众，何如？可谓仁乎？子曰：何事于仁，必也圣乎！尧舜其犹病诸！夫仁者，己欲立而立人，己欲达而达人。能近取譬，可谓仁之方也已。

上篇由公冶长开始，末后讲到忠信之士随处可见，只需加以力学，便为人才。于是就有下篇的《雍也》第六，与上篇衔接，记述孔门弟子和有关人物等的才德，同时也由此得见孔门济济多士的盛况了。

孔门的弟子中，比较各有出类拔萃的成就之
人，大体可见于后文四科论列之中。但平时在
《论语》的记述中，如颜回之仁，曾参之鲁，子
贡之贤，子路之勇，都是屡见不鲜的。而孔子独
许具有仁者之度，可以担任南面称王之位，君临
天下以德的，恐怕只有冉雍一人了。

以敬为中心的人

冉雍，字仲弓，他是一个沉默寡言、学识修
养与口德都是极好的人物。有一天，孔子很称许
他足以南面为王，他就请问孔子另一个人——子
桑伯子的为人。孔子说，他很好，也可以担当天
下大事，因为他的学养和为人足以做到简捷。

冉雍听了便说，如果能够严肃身心内外，以
一"敬"字为学问的中心，发而到行为和事务的
应用上去，便会自然达到简捷的作用了。能够内
敬其心，外简其事，以此而君临天下之事，岂不
是就很可以了吗？假如只以简捷为学养的标准，
平居自处在简捷的心境上，在行为上也只向简捷

方面做去，未免就有太过于偏向于简单，有时是行不通的，恐怕是不可以吧？孔子听了冉雍的话，便称赞他的见解是很对的。

子曰：雍也，可使南面。仲弓问子桑伯子，子曰：可也，简。仲弓曰：居敬而行简，以临其民，不亦可乎？居简而行简，无乃大简乎？子曰：雍之言然。

我们读这一则书，仅从文字方面来讲，首先给我们一个启发和怀疑的，是"子曰：雍也，可使南面"这一句话。可能是冉雍和孔子讨论子桑伯子的为人后，孔子才说了这一句评语。后来门人们编记《论语》，对于冉雍，也特别有钦迟之感，所以便把它写在前面。子桑伯子，究竟是个如何的人物，已经无从考证，但凭《论语》本则的记述，可能他也是一个具有命世才华的人物，所以才会引起孔子师生之间的议论。因为有这一则议论，我们可以发现，孔门对于领袖学的王者之道，认为只要具有一个"敬"字为中心，便可南面而君临天下了。

子桑伯子是以"简"字为标榜，犹如老子所

谓的"俭",简约与俭约,是同一意义的两种不同表达,本来也是一个学养的很好方法。但如简到极致,便会过于偏向,犹如后孔子而生于战国时期的墨子,便是主张尚俭而过于偏向简俭的,显然都非上乘。由此我们可以看出,当春秋战国时代,几个由传统文化思想演变而来的关于领袖学、君人之道的思想原则,都可藉此而得沟通。

例如本篇所传孔门的居敬,便是老子所谓的无为,居敬是表达无为的作用,无为是指居敬的体相。本篇所说的简,同于老子所谓的俭;孔子所标榜的仁行,同于老子所标榜的慈。所以冉雍所说的居敬而行简一语,仁行已在其中,这样就可概括老子的"曰慈曰俭",同为南面君人之学的无为治道之最高原则。

至于墨子所主张的"曰义曰俭",可说是承袭孔老的余绪或旁支,而另自标榜为宗旨者。由此可知儒、道两家所主张的治道,其理都是殊途而一致,无非要人居敬于无为,便可以临天下之民而担当大任。如果入手便以简、俭为标榜,所行不当其时,便容易被指为刻薄寡恩。倘使误以无为是不管事，便会流于昏庸。你只要从历史上找证明，或看一看明末和清代中叶以后的几个皇帝的史迹，就可了然于心了。所以冉雍对君临天下的王者之道有此一辨，便深获孔子之心，孔子就不得不大加称赏冉雍"可使南面"了。

跟着讲南面而王的治道学问，便插入一则鲁哀公来问，孔门弟子众中，哪一位是比较好学的呢？孔子一方面为了说明学问修养的境界，同时也以间接劝教的方法，把王者南面居敬之德，透过赞叹颜回学养的精湛之处，暗暗地劝告哀公。

迁怒与贰过

哀公问：弟子孰为好学？孔子对曰：有颜回者好学，不迁怒，不贰过，不幸短命死矣！今也则亡，未闻好学者也。

在这里，我们首先要深深了解"不迁怒"与"不贰过"的作用和难处。所谓迁怒，姑且分为人和事两方面来讲。先说对人方面。例如我们普通一个人，遇到一件不遂意的事，心里一股怨气无从发泄，往往会把它发泄到与此事毫不相干的朋友或妻儿子女的身上，这是很明显的对人迁怒。甚之，如俗话所说，老羞成怒，明明是自己错了，可是因为你知道我错了，我不但不深自反省，还转而认为你太不了解我或不原谅我，因此更是不能罢休，这些都是迁怒的心理。

至于对事呢？例如我们做一件事，明明是自己错了，但偏偏要推诿是受别人的影响。另外或者对他人误会，就将错就错，任性发泄心中的怨恨；甚或怨天而尤人，不肯反省自己的过错，这都属于迁怒的心理。古今中外许多历史演变中的人物，为了人事上的不协调，就迁怒到国家政治上去，因此卖国变节，在所不惜。例如明末投清的吴三桂，"冲冠一怒为红颜"，便是一个很明显的例证。

不贰过呢？明知我对某一事或人或一物，所做的确实错了，从而深自反省，以后永远不会再犯同样的过错，这便叫作不贰过。如与不迁怒连起来讲，个人的不遂意而迁怒，已经是一过错；再以此怒而迁怨于其他事物，那更是过上加过，

错上加错，就算是同时犯了二过了。尤其是南面
君临天下的王者，他有权威，很可能随时犯这种
过错，所以孔子便当着哀公而说学问之道有两
难了。

我们仔细反省检点自己，能够做到这种学问
的境界，完成一个人的修养，是多么地不容易
啊！因此孔子就很感叹地说，他的弟子之中，只
有一个颜回已经做到了这种地步，可惜不幸短命
死了。自他死后，一直到哀公来问的时候，根本
没有第二人学养到如此的地步。所以孔子又说，
这种学问修养的境界，等于是绝亡了，再无法看
到一个真正好学的人了。他拿这句话回答哀公所
问，真有无穷的妙用，耐人寻味。而他的门人们
又把它记述在《雍也》可使南面的居敬行简之
后，更加显出他的机用。凡欲立志为王者之学
的，尤须反复深思，不可轻轻放过。

讲了两则君道学问的事实，接着便用实事求
是的方式，说出两则臣道的故事，同时也可见孔
子对弟子们所教的，是处事权衡轻重的作用。

孔子的轻重权衡

　　子华使于齐，冉子为其母请粟。子曰：
与之釜。请益，曰：与之庾。冉子与之粟五
秉。子曰：赤之使齐也，乘肥马，衣轻裘。
吾闻之也，君子周急不继富。

　　子华，名赤，是孔子的弟子公西华。"釜"、
"庾"、"秉"，都是孔子时代通用的量器名称。据
传，六斗四升曰釜，十六斗曰庾，十六斛曰秉，
五秉合为八十斛。但这里所说的斗与斛，也还是
汉、魏之间的比例，并非现代量数的比例。公西
华在孔门弟子中，是有外交之才的人物，所以前
篇便说到"赤也，束带立于朝，可使与宾客言
也"。

　　这一则的记载，是说公西华奉命出使齐国的
时候，他的同门弟子冉有，因为公西华有老母在
堂，便为他请求对母亲的实物补助。孔子说，给
他六斗四升吧！冉有觉得太少了，请求增加一
点。孔子就说，好吧，你给他十六斗就够了。但
冉有结果给他八十斛的粟。孔子于是说，公西华

是出任大使啊，乘的是肥马，穿的是轻裘，他自己是够阔气的了。我听古人说，君子可以周济别人的急难，不必帮助他富上加富啊！这是孔子说明何以不肯多给的理由。但同样是资助的事，下面便来一则相反的态度。

> 原思为之宰，与之粟九百。辞。子曰：毋！以与尔邻里乡党乎！

原思，就是孔门弟子原宪，字思，门人们尊称他为子思。周秦之间的社会制度，五家为比，也叫作邻。五比为间，也叫作里。四间为族，五族为党，五党为州，五州为乡。所以一万两千五百家为乡，五百家为党。这一则的记载，是说当孔子为鲁国大司寇的时候，叫原宪做他的采邑宰，相当于现代的总务并兼管会计的主管。孔子给他九百斗粟，原宪却辞让不肯接受。孔子便说，你自己如不需要，难道不能资助给你那些亲戚朋友吗？因为这两则事实，我们可以看到孔子轻重权衡，同时也显出公西华毕竟年少好胜，只顾筹备当大使的风光和体面，反而把养母亲的责任轻轻地留给同学和老师身上。

　　不过话又说回来了，由此也可见古今中外当外交官的难处，为了达成国家赋予的任务，只顾为国家争体面，至于养母的责任，还靠他的穷老师和同学们来设法。再说原宪，为孔子做采邑之宰的时候，正是孔子担任鲁国司寇的职位，那时候他有足够的采邑收入，所以就很慷慨地给原宪更多的俸禄。公西华出使于齐，是否在孔子当司寇的阶段，或孔子闲居讲学的晚年，很难肯定。如在他任司寇的任内，孔子可能有力量周助他，这是顺理成章的事。倘使在孔子平居讲学的期间，公西华出使以后，还要他的同学和老师照顾他的家务，那么，除了基于一种师生情谊的人情味之外，也可以强调地说，孔子平居讲学，在门人和师友之间好像是有一种无形的组织存在。如此一加推想，后来墨子等人讲学，有团体有组织，必定也是有由来的了。

　　但是上面所讲的两则事实，也只是说孔门弟子出仕为臣道的一环，只算孔子讲学传道、培养人才的一种，到底他还是寄望于培育治平天下的命世人物，所以他说：

颜回的仁道　冉雍的仁行

> 子谓仲弓曰：犁牛之子，骍且角，虽欲
> 勿用，山川其舍诸？

犁牛，就是现在所说的黄牛，从前在北方一带称为犁牛，而西北、西南和中原地带，各有不同的名称，大概因产地和牛种的不同而名称各别。"骍"，是指牛的健美，发出一种赤色的光泽。有一天，孔子对冉雍说，一头出类拔萃的黄牛，它不但美丽，色泽有光辉，同时还有峥嵘的头角，世人虽然想不用它，恐怕天地和山川鬼神也不会轻易地放弃它的。因为古代最隆重的祭典，就是祭祀天地和山川之神，而且在这种大典中，必须要用牛来做祭品，称为太牢。孔子这一番话，一半是勉励冉雍，一半也是感叹时势。他说，像冉雍的学养和才能，是足以配享山川神祇的大器，人们虽然不想用，可是鬼神也不会舍弃他的。

历来的解释，都认为冉雍的父亲出身微贱，所以孔子才对他做此勉励的说法。这种观念并不可靠，可能是由于孔子把冉雍比之为牛的错觉而来。那么，乾坤两卦以龙马来相比，古人还把皇帝比之为龙，岂不是明明白白骂皇帝们为冷血动物吗？须知在中国和印度，上古人们的观念，对牛都很尊重，只是中国人不如印度人的过分而已。孔子比冉雍为犁牛之子，正是一种衷心的称许之词，何必硬把他父亲出身微贱相提并论呢？"英雄不论出身低"，这种门阀身世的观念，对正统的儒家们而言，早已卑不足道了。正因为孔子器重冉雍的学养已足有南面称王、配享天地神祇的仁人之度，因此下文便接着提出颜回足以传承孔子心法的师道，作为互相比美的对照。

　　子曰：回也，其心三月不违仁。其余，则日月至焉而已矣。

　　这是孔子对于弟子们学养的感言。他说，只有颜回的学养可以做到心住于仁的境界，三个月而不变动。其余的弟子们，并非力学所致，有的偶然在一天当中，撞到了一下仁的境界；有的在个把月中，撞到一下子而已。这两则书合在一起，尤其明显看出孔子对弟子们的期许，言其得

仁学的道体的，唯独许可颜回；言其行仁而可以
致用的，唯有期望于冉雍。因此你把《论语》上
提及有关他两位的语录加以了解，就可贯通起
来了。

讲到这里，不但已指出孔子认为南面而王的
君道不易，就如退而求其次，只讲足以从政而言
治道的人物，也是很不容易求得的啊！

从政的学养

> 季康子问：仲由可使从政也与？子曰：
> 由也果，于从政乎何有？曰：赐也可使从政
> 也与？曰：赐也达，于从政乎何有？曰：求
> 也可使从政也与？曰：求也艺，于从政乎
> 何有？

季康子，是鲁卿季孙肥。有一天，他问孔
子，子路可以去从政了吧？孔子说，子路的器识
过于决断果敢，哪有从政的学养？季康子又问，
那么，子贡可以从政吧？孔子说，子贡的器识是
过于豁达不羁，哪有从政的学养？于是季康子便
问到冉有了。孔子又说，冉有的器识是过于重才

艺，也可以说是一个富于文艺或艺术情感的人，哪有从政的学养？在这里，一共说了子路、子贡、冉有三个弟子器识的典型，孔子认为都还没有达到从政的学养。

我们略窥一鳞半爪，以此三个原则，来看历史上政治人物的得失功过，也就可思过其半了，不再需多言。如果融合这三个人的果决、豁达、才艺于一身，我想，孔子可能就首肯了。而这一则书，我们也可以看作是孔子对季康子的推托之辞，所以故意说他的三个学生都还没有可以从政的学养，以避免他拉拢的企图。但既说到从政学养的不易，因此便引出一位弟子，以孝亲著名的闵子骞来了。

> 季氏使闵子骞为费宰。闵子骞曰：善为我辞焉，如有复我者，则吾必在汶上矣。

"费"，是地名，就是季氏的采邑。据《左传》的记载，季氏早有不臣之心，但是他的费城邑宰们也以其人之道还治其人，时有背叛之举。汶水是在当时的齐南鲁北之间，《地理志》称："出泰山莱芜，西南入济。"季氏因为屡次委派的费宰都背叛了他，便约人邀请闵子骞去做邑宰。
谁知闵子骞说，请你为我婉转地推辞了吧！假如
一定还要我去，那我就只好北出汶水，避地到齐
国去了。由此我们可以看到一个贤者对于从政的
立身出处，非常的谨慎。闵子骞不但以孝行传称
千古，他的淡泊名利和谨慎于出处的态度，更足
为后人效法。所以孔门弟子门人编辑《论语》，
将此段编在孔子论门人从政之后，实在意味深
长，发人深省。

到此，文章气势忽然一转，前面说了几个君
道、臣道、师道和从政等的事例，不但表示出孔
门师生的风格操守和清高的气概，以及乐道而不
忧贫的精神，同时也说到孔门师弟不得其时的悲
哀，所以便在这里插入两则伤痛的事迹。

贫病又如何

伯牛有疾，子问之。自牖执其手曰：亡
之，命矣夫！斯人也，而有斯疾也！斯人
也，而有斯疾也！

伯牛，名冉耕，是孔门弟子之一。据《淮南

子》说，伯牛患有癞疾。癞疾就是大麻风一类的病症。这是说，伯牛生了癞疾快要死了，必须要隔离。孔子亲自去看他，只好从窗口拉着他的手，很伤感地说，完了！这岂不是天命吗？像他这个人啊！偏偏会生这种不可救药的病！而且对于后面的两句，还重复地说两遍，足见他内心悲伤的程度了。

因为说了一则伯牛的病，同时就插入一则颜回的穷。试想当时的孔子，不但自己不能得志大行其道，就是弟子和门人也大多处于贫困之中；况且又在此加上一则伯牛的病，和颜回的穷连在一起，简直活生生地写出他们师生之间贫病交迫的苦境，那岂是人情所能受得了的！

可是他的贤弟子颜回，以湛深的学问修养境界，不但处之泰然，甚之，还不改其学养境界的乐趣。这岂是常人所能做得到的？一个普通的人，处于贫病环境当中，能够咬紧牙关忍受，已经很不容易了，要他不怨天、不尤人，那就太过难得了。更何况，颜回不但不怨天尤人，而且还乐道而不忧贫，这种气度和学养，实在非常可贵，值得效法。所以宋儒提倡学者要寻孔颜的乐处，而期待自拔于尘俗之中，便是此意。

> 子曰：贤哉回也！一箪食，一瓢饮，在陋巷，人不堪其忧，回也不改其乐。贤哉回也！

箪，是古时盛粥饭的笨篾。瓢，是古时用匏瓜一类做的水瓢。陋巷，等于现在所说的贫民窟。但在这里，我们须再进一步研究，颜回何以能够做到这种程度呢？千万不要忘记上文"回也，其心三月不违仁"的境界，因为他已经认得仁的道体，而且在三个月中，都定住在仁的境界里，所以他就能忘身忘我，得到无比的定力和乐趣了。

上文已经说过，志心于学问的人，虽然处于贫病的环境中，仍能不变不动其为学问的定力，这种精神的确不是常人所能做到的。因此便引出一则冉求的感想来，而得到孔子说明学问之道，只在立志精进向上与否，其实并无什么难易之别。

君子大儒　小人小儒

冉求曰：非不说子之道，力不足也。子曰：力不足者，中道而废，今女画。

说，读悦。女，古文通作汝。冉求，是孔门的弟子，他对老师孔子说，我们并不是不喜欢学习您的大道，实在是我们限于学力，所以不能到达。孔子便说，倘使真能立志向上，力争上游，即使因为能力不够，至少也可得到半途再废（停）的程度；可是你如不努力向上，先以自己的学力不够为理由，自己先划了一道界限，那就永远不得其门而入了。

冉求提出这个求学的问题，并不是只为他自己推诿，实在是代表了古今中外许多人的心理。甚之，还有些人，找了许多现实环境为借口，作为支持自己不精进的理由，这些都是学问之道的致命伤，是基于安于逸乐的惰性而来。须知"取法乎上，仅得乎中；取法乎中，所得者下矣"。何况一般心理，还不敢立一个中人之志，只甘于流俗而下走，那还有什么话可说呢？所以孔子便告诫弟子们，为求儒者之学，必须立志为一大儒，即所谓君子之儒，千万不可拘于文章词句，只把知识当学问，那是小儒的范围。

> 子谓子夏曰：女为君子儒，无为小人儒。

所谓君子之儒，历来也有很多种解释，我们把他归纳一下，大体说来，内养心性，而合于形而上的道体，外持德行以达成利世济物的事功者，便是君子之儒。宋代大儒张横渠先生说得好——"为天地立心，为生民立命，为往圣继绝学，为万世开太平。"这就是确立君子大儒的标格了。

本篇到此，已经说了许多弟子中的事故，从行文的气势和事实的例证，势必又需一转，于是便又引出一则知人论世的实例来了。

奇才与异行

> 子游为武城宰。子曰：女得人焉尔乎？曰：有澹台灭明者，行不由径，非公事，未尝至于偃之室也。

武城，是当时鲁国的下邑。孔门弟子子游在此做行政长官。他回来见到老师的时候，孔子问他说，你在那里得到人才了吗？子游说，有一位姓澹台名叫灭明字子羽的人，他的行为初看起来，并不合于一般世俗的常道，可是他平日的为人，如果不是为公事，素来也不肯到我家里来的。

在这一则书中，我们可以了解几个问题。

第一，据《史记·仲尼弟子列传》说："澹台灭明，武城人，字子羽，少孔子三十九岁，状貌甚恶。"他欲师事孔子，孔子恐怕他才具太薄，难以造就。但自从受业孔子之后，他就修持德行，名满诸侯之间。孔子听了说："吾以貌取人，失之子羽。"如果确定《史记》这一则的记载是在子游推荐以后，可以说子羽与孔子的师生关系，是因为子游的介绍而来。如在子游出宰以前，那是根本不可能的。为什么呢？既是同门同学，为什么当孔子问他有否得到人才时，子游才推出一个子羽呢？

第二，一个真正有心之士，无论处在穷或

达，都是随时随地留心物色人才，培植青年后进，以期继起有人。子游出去只做一任县长，回来之时，孔子劈头一句，问他得到了人才没有，这是值得人们深省的。人海犹如一个大矿藏，人才也如矿藏中的宝贝，是需要有心人去发掘的。任何时代和地区，都有人才可得，如不加以发掘和培养，永远也得不到人才。而且在历史上，每逢乱世，便易见人才；但如求其能为拨乱反正、达到治世平天下的，就非常难得了。孟子所谓"五百年而有王者兴"，也可以说，他是慨叹命世的英才确实是难得见到的啊！

第三，有奇才者往往有异行，绝不能以常理论。但仍以奇不失正为真才，否则，只是一个乱世之才罢了。《论语》记澹台灭明行事不循常轨之处，并非说他古怪别扭，只是说他看来似乎不近人情，不肯与子游有私交上的往返，只肯在公事上碰头。这正表示澹台灭明的大公无私和正直之处，所以就大得子游的赞扬了。《春秋》和《史》、《汉》等书，知人论世，往往但言其大者，便可概括一切，不像现代人斤斤计较小节，但求交情益我，才定人才的好坏，这是应当特别反省深思的。

第四，据《史记》所载，子羽之貌甚恶，孔子亦有以貌取人、失之子羽之叹，正如俗话说的，有人貌恶心善。所以圣如孔子，还自叹有失人之处，何况我辈，岂可马马虎虎？但从另一角度和经验上看来，正因为澹台灭明的相貌甚恶，通常不易被人了解，因此就形成他心理上的变态，所以才有行不由径的作风。有才有德之人如缺乏庄严的相貌，有时也很可能流于偏急之途，所以庄子便以出世之道而推重畸人了。凡是从事教育和政治的人，当留意及此才好。

说到孔门师弟之间物色人才的一节，便插入一则孔门弟子有关的人物事例，据《春秋》哀公十一年，《左传》记述这件事说："齐国书帅师伐我（鲁国）"，"孟孺子泄帅右师，冉求帅左师"，两军野战的时候，孟孺子的右师败奔，齐国的部队就跟着追来了。当时有一位鲁国的大夫，名叫孟之侧的，他就自动断后，挡住齐国的追兵。快到自己本国的城门时，孟之侧拼命鞭打自己的马说，并不是我很勇敢，敢于断后以退追兵，实在是我骑的这匹笨马跑不动啊！孔子知道了这件事便说，孟之侧一点没有自称功劳的意思，真是了不起的人物。

人事应对的智慧

> 子曰：孟之反不伐，奔而殿，将入门，策其马，曰：非敢后也，马不进也！

伐，是自夸的意思。殿，是断后的意思。这一件事，发生在孔子父母之邦的鲁国，而且当时还有一军是由孔门弟子冉求担任主将，所以孔门的弟子知道得更清楚。至于那位右师的统帅孟孺子泄是如何的人物，姑且不论，但当他和敌人在阵地上一接触，便败得拼命奔逃回来，你就可想而知了。而在冉求这一方面，虽然没有打胜仗，但是总还没有败下来。

自古至今，战争的当中，胜仗还容易打，败仗是最难打的。这是什么道理呢？因为胜仗是一鼓作气，勇往直前；如果打了败仗，而能从容撤退，安然不受太大损失，这就非具有绝顶的军事天才，绝难做到。历来就有人说，诸葛亮六出祁山，善于撤退而不损一兵一卒，是战史上最难得的撤退史例。一个指挥作战的主将，被敌人打败了，仓皇奔走逃回，那种心情，不待细说，大家也可以想见那个窘况了。

孟之侧当时是右军主帅孺子泄的部下，他看到主将的无能，就奋勇断后以挡住敌人的追兵，这便显见他在战阵中的智勇了。可是，当时鲁国的执政者，却任用了孺子泄为右军主帅，其中间的情况，就另有文章了。冉求知道得很清楚，孔子也知道得很清楚，孟之侧也知道得很清楚。可是孟之侧为了自己的国家，他不得不见危挺身，自断其后。同时又需保持孺子泄的颜面和威信，所以他只有很谦虚地说，不是我勇敢断后，只是我骑的这匹笨马走不动。这是何等的胸襟，何等的气度，同时又是何等的善于自处，不愿显出自己的智勇，免遭人忌啊！所以孔子也只有从正面的德行上极力赞扬一声，说他能够做到不矜不伐，不居己功，真是了不起！下面就什么都没有说了。

事情就是那么简单吗？或许未必。我们试把全篇文字联接起来一读，看到下文忽然插入的一则，就可以了然于心了。

> 子曰：不有祝鮀之佞，而有宋朝之美，难乎免于今之世矣。

这一则文字的加入，并非完全出于偶然。祝鮀，是当时卫国的大夫，字子鱼，是以口才、善于游说而出名的人。他曾以游说和权术帮助卫君，使卫侯取得盟主的地位。佞，具有迷惑的意思。宋朝，是宋国的公子，他是一个美男子，曾私通于南子，所以南子为卫夫人时，还要召见他。古称南子召见宋国的淫人一事，就是指宋朝这个人了。

这一则是孔子说，如果没有像祝鮀这样有足以迷惑他人的口才，纵使他生得如宋朝一样的俊美，恐怕处在今天的社会，也是难免于苦难的。甚之可说恐怕也难保性命吧！根据孔子这一则说话，我们可以看到孔子当时的社会和鲁国的政治环境，那种紊乱腐败的情形，是何等的程度了。易言之，这等于说，就算你长得很漂亮，如果你不会吹牛拍马来迷惑人，那你处在今天这个社会上，也是难免颠沛困苦。甚之，还会白白地送掉性命啊！

这样一说，好像孔子的话也有点太过于伤感或刻薄，事实上，处于一个衰乱的时势，这种情形，也是司空见惯的。犹如现代有些出名的电影明星们，如果只想堂堂正正地做人，但凭色艺不另想各种办法，恐怕也不容易登上银幕吧！由此类推，人情社会的风气，每当衰乱之时，真有太多令人悲哀的事啊！

这一则话，无缘无故接在孟之侧不伐自己的功劳后，其中的文章是伤感，是悲哀，也包括了多少的辛酸血泪！同时也把孟之侧当时的心情和操守，和盘托出了。而且使我们隐约窥见，孔子所居的春秋时代，社会腐败情形，较之留传的各种典籍的记载还有过之。因此更见他在这个污浊紊乱的时世中，卓然建立一个教化的不易，此正所谓圣人之为圣者！所以接着这一则的下文，便有孔子的大声疾呼，提倡振兴传统文化道德的重要了。

子曰：谁能出不由户？何莫由斯道也！

这是说，一个人要上路，一定要开大门，才能走上正道，旁门左道权术的做法只能玩弄一时，得个偶然的侥幸，那是不会长久的。这里引用本则作为结束上文的评语，教人重于正道而行，妙在恰到好处。

下文接连的三四则，都是孔子有感于世道人心所说的话，并衬托出前几段的含义。

知之　好之　乐之

子曰：质胜文则野，文胜质则史。文质彬彬，然后君子。

质，是指一个人的气质，所谓天性秉赋的厚薄和生理的强弱等等。文，是指文才，包括天才、思想、知识和文学等等。这是说，一个人的气质秉赋虽然朴实，但气质秉赋超过了学力和文才，就未免太过野气。野，犹如曾国藩所说的乡气。但是相反的，一个人的学力与文才，如果超过了气质秉赋，缺乏厚道和朴实的根本，那就不免偏于书生之见，过于酸腐了。所以文才的修养

与质朴的天性，必须要相调和，才算是文质彬彬
的君子之儒。学问修养到达了文质彬彬的君子之
儒，自然会真正了解人生，随时随地行其直道于
人世之间。否则，但凭手段以欺世盗名，纵然也
得到一时的成功，终究是一种冒险侥幸的行为，
结果纵然侥幸免于一时的刑戮，但还不是人生总
结的决算，"天网恢恢，疏而不漏"，毕竟是难以
幸免的。所以便说：

　　子曰：人之生也直，罔之生也幸而免。

　　可是这种学问之道，知道好处的人很多，也
很普遍，但一到用在实际的行为上，就很难做到
了。这是什么道理呢？

　　子曰：知之者不如好之者，好之者不如
　　乐之者。

　　这是说，但凭知道学问修养的好处是没有用
的，如果真正恳切地生起爱好之心，那才有希
望。再说，如果要想真对学问修养做到脚踏实地
的境界，必须身体力行，于学养中发起无穷的乐
趣，那才算是学问修养的境界。到了这种程度，
才能体验到宋儒所说的寻得孔颜的乐趣了。但

是，儒家所标榜的学问之道，就止于此吗？不然！不然！它也如禅门一样，还有向上的一着，学养如能到达孔颜之乐的境界，才可以语此，所以在此便插入一则：

> 子曰：中人以上，可以语上也；中人以下，不可以语上也。

历来儒者解释学者的才识，分为九等，也就是以三阶而概括九等。因此说中人以上才识的人，才可以传授和了解儒家的向上一着。讲到这里，我觉得非常有趣，东方文化中的儒、佛、道三家，都提到上上根器的人，才可以传道；同时也都提出有向上一路的直指之语。

例如佛家禅宗传心印，必须要觅得上上根器的人才授受。道家的老子也说："上士闻道，勤而行之。中士闻道，若存若亡。下士闻道，大笑之，不笑不足以为道。"这些都是微妙的吻合。其实，向上一着也无非都从人本位的基本中来，只是佛、道两家的向上一着与儒家各有差别罢了。

现在我们单看儒家孔门心法的向上一着，究

竟是如何的呢？在这里，便有一段很有趣的文章来了。

为何敬而远之

> 樊迟问知。子曰：务民之义，敬鬼神而远之，可谓知矣。问仁。曰：仁者先难而后获，可谓仁矣。

上文才提到中人以上才可以对他讲向上一着的学问，偏偏在这里就有一个孔门弟子樊迟，是近于中根器的人，他提出一个知与仁的问题。我们都知道，所谓"知"字，古人把智慧的智和求知识的知相互通用的。无论为了智慧或知识，人们都想知道形而上的宇宙来源和鬼神的有无，这是人同此心、心同此理的事实。孔子平生教学的态度，除了极力建立一个人本位的人生外，向来很少讲到形而上和鬼神的道理。可是在这里，为了答复樊迟问知的意义，他便连带一说形而上与形而下的道理，硬把向上一着拉到平实的人生中来。这不但可见他说教的高明，同时也反衬出不是中人以上不可以对他说向上一路的重要。

他答复樊迟的问话，等于是说，你问的智慧和知识啊，我告诉你，只要你老老实实地做人，本本分分地做到人生平实的义务就好了。"民"字，古代通"人"字，所以说它是指人生。至于形而上鬼神有无存在的问题，你不必过分地去求了，只要你诚心敬重他，永远地、遥遥地敬重他就可以了。你看樊迟明明白白问了一个知的问题，可是孔子的答话却无缘无故牵涉到鬼神的问题上去，好像来得离奇而突兀之至。

其实，我们既不知道他们师生当时问答的环境，也不了解樊迟是在什么情况之下问的，自然不便乱加臆测。只看孔子的答话，一开口，便答到鬼神上去，由此可知，樊迟当时的问知，令人有充分的理由相信是牵涉到形而上的问题的，所以孔子才讲到鬼神之事。不过，他说到鬼神之事，便说敬而远之，证明孔子对形而上的鬼神之事和理，自己是很了解的，只是不肯说明罢了。

第一，他说敬而远之，并没有肯定地否认鬼神的存在，《易》曰："精气为物，游魂为变，是故知鬼神之情状。"

第二，他说远之，可见鬼神之道近在目前，并不是远在天上，只要你起心动念，感应便可相通。他要你远之，是要人自己正心，自己远避鬼神，否则，如天天为鬼神的事而做人，那你不变成鬼也会变成神了。神是鬼中的灵鬼，并没有高到哪里去。

第三，因为常人的知识有限，不能了解形而上和鬼神的究竟情形，所以无论是谁，都不能跳出迷信的范围。尤其当你遇到危难之时，便会觉得鬼气森然，包围在你的左右，除非上上智的圣者，才会明白其中的事实和道理。因此，孔子告诉我们，凡是平实尽到人生义务的人，只要尽其在我、反躬而诚便好了。

第四，"务民"一语，可以当作为民服务的政治术语来看。至于从事政治的人们，尤其不可过于迷信鬼神。你只要仔细研究古今中外的历史，凡是专以鬼神宗教来为政的，没有一个不失败的。鬼神之事，只可作为个人诚敬的信仰，万万不可赖他来治世；如果鬼神可以治世救人，那人的世间何必又需要人为？干脆交与鬼治不就好了吗？贤明如汉文帝，有时也还不免失于迷惑，他再召贾谊去谈话，就问到鬼神之事。唐代诗人李商隐，便很惋惜他而作诗，有"可怜夜半虚前席，不问苍生问鬼神"的感叹了。

那么，孔子认为鬼神究竟有无存在呢？他可没有说，我们也不便妄加代答，所以樊迟也无办法，只好转而一问人本位中人道的仁术了。

说到"仁"字，孔子自己明明说过："仁远乎哉？我欲仁，斯仁至矣。"但他对樊迟却说："仁者先难而后获。"这也是明白地说，前者所讲的仁不远人是指仁的道体，不离于我人心性之间。对樊迟所讲的仁，只是说用仁，就是在行为修养上的仁术。他说，仁者待人接物，处世治事，随时随地，不敢心存轻忽，都要从艰难处谨慎去治理，才能达成仁道的结果，始终还是告诉他一个"敬"字的重要。但就修养心性之仁的境界来讲，起先也是很难入手，始终摸不着头绪的。但是你如不畏难苟安，不放逸，努力精进此道，久之就会获得仁的境界了。如此说来，对于形而上的向上一着，孔子始终就没有说出来吗？

不然，不然，我们且向下看。下面接着是樊迟问
知问仁而来的一段。

水山　动静　乐寿

> 子曰：知者乐水，仁者乐山。知者动，
> 仁者静。知者乐，仁者寿。

对于这一则记载，但从字面来看，等于孔子
游山玩水的漫谈，充其量也只是把山水来比喻知
和仁的作用。如果那样解，你就冤枉了，因为被
文字瞒过去了。你如留意上文，他把樊迟问知问
仁，牵涉到形而上的鬼神一事，轻轻地推了开
去，只向人生本位来说知说仁，但还没有把知与
仁的分别说个清楚，所以便在这里要插入孔子说
知说仁境界的一段话了。

一般对这几句话的解释，大概都认为智者的
人性情喜欢水；仁者的人性情就喜欢山。照这样
来讲，我们说句缺德的话，那些山上的猴子，便
是仁者，水里的鱼虾，便是智者吗？殊不知这里
所说的知，是指智慧的境界；仁，是指仁道的道
体境界。这是说，真正智慧的境界，它犹如秋水

澄波一样的平静清明，其乐也融融然，而此方寸之中，心波不兴涟漪，终至苦乐两忘，于是便如水镜磨光，明见万象而纤毫毕露了。

古人所谓"万古碧潭空界月，再三捞摝始应知"便是这种境界，可谓知者之乐，其乐如水。那真正的仁道道体的境界呢？它静定凝固，犹如山一样的卓然定立而不动，就是《易经》的艮卦之象，所谓"艮其背，不获其身，行其庭，不见其人"，"时止则止，时行则行，动静不失其时，其道光明"。在仁的境界里，其乐也怡怡然，不为外物外境所转移，所以能顶天立地而不动。古人所谓"吾自无心于万物，何妨万物常围绕"，便是这种境界，可谓仁者之乐，其乐如山。

因此，孔子自己又再进一步，说出知与仁的境界和作用。他说，知的作用，是光明朗照，与时偕行，不断动用而不住的便是它；仁的作用，是沉潜凝固，退守于密，寂静常照而不变的便是它。所以当知者动而起用之时，仁的静体便在动中；当仁者退藏于密之时，知的动用就归于静中。所以知者动，在应用于事物之中时，随时随地，无一而不自得，乐便在其中矣；仁者归藏退守于静之时，是无始无终，物我两忘，修短即不可得，寿便在其中了。这一段话，跟在樊迟问知问仁之后，虽然不完全是对中人以上说的向上一着，但学问修养能够到达如此境界，对于孔颜为学的旨趣和乐趣已经窥得门径，以此再求向上一路，才有基础。

讲到这里，已经把孔门为学的中心，大体说得很明白了。但此道易知不易行，举世滔滔，如江河之日下，即或偶有致力于此者，也如古人所说"得道之人，命如悬丝"的可惧，所以下面便引用两则孔子的感叹。

孔子为何感叹

子曰：齐一变，至于鲁，鲁一变，至于道。

子曰：觚不觚，觚哉觚哉！

齐，是周朝封建太公的后裔。鲁，是周朝封建周公的后裔。这是孔子感伤，传统儒家的大道，自文王武王建立一代的郁郁文明以后，到了孔子之世，已经衰颓得快要歇绝了。他说，以前在齐国方面，也比较能保存传统文化的遗规，但为时不久，齐国的文化也随时代的变动而变了，于是要认识传统文化，只有靠鲁国仅存的一点命脉了。但是今天的鲁国啊！仅存的一点文化命脉，也被外来风气所影响，变了，大大地变了，将来能够保存命脉的，只有靠继先圣绝学的一些少数传承道统的人了。因此，他又叹说，文化和礼义啊，到了现在，早已不成其为文化礼义了！唉！这个少人顾问的东西啊！恐怕快要变成古董，永远无人关心了吧！

觚，是古代的一种礼器。韩诗说：一升曰爵，二升曰觚，三升曰觯，四升曰角，五升曰散，总名曰爵，其实曰觞。又说，觚的意思是寡，是说应当少饮的意思。本篇把这两则感叹之词，插在说知说仁的后面，从文字的编排方法来讲，真有天衣无缝，恰到好处之妙。同时也可想见，孔子当时随口一说，随手一指面前的觚器，就感伤它快要变成古董了。我们是生在两千多年后的现在人，如果硬要去考证觚这个东西，用来

研究孔子的学说，那不但你也会变成古怪无用的
古董，恐怕还会请你永远进入古物院去陈列才
对呢！

到此话题必须一转，忽然插入一则孔门弟子
宰我问仁行的重点说，如果是一个仁者，假使有
一个人告诉他说，这个陷阱里有一个仁的道理，
难道也要听从他的话吗？孔子便说，哪有这种道
理？仁人君子的行事和用心，可以视死如归，从
此长逝，但是绝不可以陷害他；而他也不会无缘
无故，轻易接受陷害的。为什么呢？因为一个仁
人君子的为人，为了利世利人，宁可明知受欺而
接受欺骗，但是不可以冤枉诬陷他；而且他也不
会糊涂无知到随便接受冤诬的啊！

　　宰我问曰：仁者，虽告之曰：井有仁
　　焉。其从之也？子曰：何为其然也？君子可
　　逝也，不可陷也。可欺也，不可罔也。

宰我提出的这个问题，简直有点把仁者的行
为，看得有悖常道，甚之，可以说有点要求得太
不合理，所以便在此插入一则：

见南子 道中庸

> 子曰：君子博学于文，约之以礼，亦可以弗畔矣夫！

这是说，仁人君子的学养，并不是离经荒诞、近于有违常道的行径。倘若一个人能够博学多能，有充分知识和文学的修养，然后由博而反约，老老实实地做一个人，一切操守归遵礼法，这样，便与仁学的道理不相违背了。

到此全篇将作终结，知人论世之理，大体也说了不少，看来孔门所传儒家君子的德业和行为，谨严慎密，好像壁立万仞，毫不通融。因此，要插入孔子见南子的故事，以显出下文孔子论中庸之德的作用，确是意味深长，足可发人深省。

> 子见南子。子路不说。夫子矢之曰：予所否者，天厌之！天厌之！

南子，宋人，是卫灵公的夫人，当时有淫乱之称。据《史记·孔子世家》的记载，当孔子周游列国到了卫国的时候，南子便派人对孔子说，凡是国际间来往的先生大人们，要和敝国国君建立友谊关系的，必定先要一见夫人，而且夫人久仰夫子的大名，所以也想先能见到夫子。孔子再三推辞不了，就见了南子。据说，夫人在绨帷中与孔子相见，孔子入门便北面稽首为礼，夫人在帷帐中对孔子再拜，玉佩钗环之声，璆璆然响。孔子出来之后便说，我原来不想见她，可是见了以后发现，她倒是很有礼貌的。但是在《论语》的记载里，很率直地记载了随从孔子在卫的子路当时对于孔子见南子一事，心里是非常不高兴的。历来根据文字的字面解释，都说孔子对于子路的不高兴发了一个重誓说，如果我对南子有什么不对的企图，天会惩罚我的！天会惩罚我的！

如果这一则书的确是这样讲的，姑且不论孔子见南子是何居心，就以子路的一个不悦，逼得他的老师指天画日地赌咒发誓，这也未免说得太严重了。孔子见南子，子路确实很不高兴，因为当时的社会习惯重男轻女，何况南子还有淫乱之名，而且还干涉到国家的政治。以个性率直激昂的子路看来，觉得孔子见南子之事实在是一件很大的耻辱，所以便愤愤不平，非常地不高兴了。

于是孔子便指着子路说：我所认为不对的，是违反天理的事，就是天理与人情都难容忍的。换言之，他等于在说，区区南子，仅是一貌美而有丑名的妇人，何足以乱国政！怕只怕卫灵公的秉国不当，另有天理所难容的隐情存在，才养成南子的种种不法。所以我要仔细观察一番，你光生气有什么用呢？

再说，天下国家事，往往和妇人女子搞在一起，有天地，便有男女，有男女，便有夫妇与人伦；政治不离于人伦和家庭，所以便称国家。可是家国之间，又有多少事故都发生于一二女子之手。儒家标榜以正心、诚意、修身、齐家、治国、平天下，是古今中外政治上不易的大原则；它不是重男轻女，只是要求男女夫妇的齐家而致治平，因此为了引申孔子见南子的一节，下文便有：

子曰：中庸之为德也，其至矣乎！民鲜久矣！

中庸，是传统文化中所标榜学养的德性和德

行的名称；依中庸而说中庸，它发为德业行事上的作用，是一种中和而行、不偏不倚的中道状态。易言之，它便是雍容厚道，中和所有偏见的大德。然而当孔子的时代，他已经感到人性和见解的偏差愈来愈加尖锐，大家都以偏执的见解自以为是，对于中庸德行的修养，愈来愈难做到了。这实在是一种很危险的社会心理。例如孔子见南子的一件事，连多年亲炙教化的子路，尚且固执偏见如此，何况世俗误会的成见，每每偏执到无法理喻。"凡事谁能知究竟，世间最怕是流言。"所以以厚道忠恕待人，求之于衰世之中，实在太不容易了。

南子是否坏到如此，我们固然不清楚，但以孔子见她的事而言，如果知道清末太平天国的史话，明白胡林翼走贺两广总督官文姨太太之事，就会对孔子见南子一事了然于心，觉得子路的确未识中庸的妙用，有点太过于偏执了吧。所以依此看来，本篇把中庸之为德一则恰恰接在子见南子之后，可见孔门弟子们的编排章法实在是很有深意的。况且孔子周游列国，在卫国耽搁较久，甚之，还有人怀疑，孔子想要执卫国之政呢，由此可见，他和卫国的关系是很深的。

全篇到此，知人论世的精神已露，但孔门标榜的君子儒者之学，是以仁道为中心，于是它的结论，便以子贡讨论仁行的方法作为结束。

谦虚吧　不唱高调

> 子贡曰：如有博施于民，而能济众，何如？可谓仁乎？子曰：何事于仁，必也圣乎！尧舜其犹病诸！夫仁者，己欲立而立人，己欲达而达人。能近取譬，可谓仁之方也已。

有一天，子贡问他的老师孔子说，假使有一个人，能够无条件不住相普遍布施，而且真正能够做到利益济救大众，这样可以说是仁了吧？孔子说，何必用这样的事来说仁道？像这种不住相而广大布施的事啊，并非人可能做的，就以素来被称为圣人的尧舜来说吧，恐怕也做不到，而且还可能挑剔他的毛病呢！我们所说的仁者，但从人本位而言仁，一个人能够做到自己有成就，也使别人和我一样有所成就；自己有所显达，也使别人和我一样有所显达，一切都能够从浅近的做起，推己而及于人，这便是仁者学问修养入手的方法了。

由此可以看出，孔子的教化，始终是脚踏实地，从人生的人本位中，切切实实地一步步做起。子贡所问的，未免过于夸大，假设有人说，要以整个虚空宇宙做布施，而事实上哪有实现的可能？作为培养心地的一种空想则可以。所以他说，就像圣如尧舜吧，他可以将天下做转让的布施，但是也不能说，可使天下的大众们都沾到利益啊！因此等于告诉子贡，"请卑之，毋高论"，只要脚踏实地，但从推己及人做起，便是儒者学行仁道的方向了。

官方微信平台

ISBN 978-7-5060-9391-0

9 787506 093910 >

定价：42.00 元

官方淘宝店热搜：东方出版社 http://dfyxcbs.tmall.com

人民东方图书音像专营店：http://rmdftsyx.tmall.com